GUIA PARA SITUAÇÕES DE EMERGÊNCIA

*A ajuda que você precisa
nas horas difíceis*

Fabian Missiano
(org.)

GUIA PARA SITUAÇÕES DE EMERGÊNCIA

A ajuda que você precisa nas horas difíceis

Cultrix/Pensamento
São Paulo

Copyright © 1997 Fabian José Moraes Missiano.

Capa: Arcelino Júlio

Ilustrações internas: Arcelino Júlio e Columba

Agradecemos aos que colaboraram neste livro,
sem os quais esta publicação não seria possível:

Dr. Antônio Carlos de A. Cordeiro   Mário César Cheberle Pardine
Dr. Derly Mendes Gomide   Eng. Moacyr Duarte
Dr. Gabriel Cedraz Nery Filho   Dr. Paulo A. de Oliveira Magalhães
Dr. Geraldo Domingos Coelho   Dr. Plínio Augusto Balthazar
Dr. Helio Holperin   Eng. Roberto Manfrin Zucca
Dr. Júlio César Bastos Garcia   Dr. Ronaldo Daniel da Costa
Dra. Lucélia Aparecida Ribeiro   Dra. Tatiana Rangel Garcia
                 Dra. Zulmira Kirchner da Silva

*Os recursos gerados pelos direitos autorais deste livro
são canalizados para o treinamento de equipes de voluntários
para atuação em momentos de emergência,
trabalho sem fins lucrativos desenvolvido
sob a coordenação do autor.*

Edição   Ano

1-2-3-4-5-6   97-98-99

Direitos reservados
EDITORA PENSAMENTO LTDA.
Rua Dr. Mário Vicente, 374 — CEP 04270-000 — São Paulo, SP — Brasil
Fone: 272-1399

Impresso em nossas oficinas gráficas.

SUMÁRIO

Introdução 9

Parte I
ORIENTAÇÕES MÉDICAS

Acidentes oculares 13

Acidentes por choque elétrico 15

Afogamento 18

Alimentação em emergências 22

Animais que causam doenças 40

Crises epilépticas 63

Desmaio e estado de choque 65

Emergências pediátricas 69

Emergências psíquicas 82

Ferimentos 90

Fraturas e luxações 94

Hemorragia 105

Homeopatia em urgências 110

Intermação, insolação e desidratação 117

Intoxicação aguda 121

Queimaduras 127

Reanimação cardiorrespiratória 134

Urgências ginecológicas 139

Parte II
CONDUTAS GERAIS

Acidentes com energia nuclear 153
Acidentes naturais 167
Enchentes 186
Incêndios 217

Apêndice

Uso de fios, cordas e nós 241

Fontes de consulta 268

*O homem prudente é o que sabe calar
uma parte da verdade que seria inoportuno manifestar e que, calada,
não prejudica a verdade porque não a falsifica;
é aquele que sabe atingir os bons fins que se propõe
escolhendo os meios mais eficazes de querer e de agir;
é aquele que em relação a cada caso sabe prever e
avaliar as dificuldades e sabe escolher o caminho em que os perigos
e as dificuldades são menores;
é aquele que, tendo-se proposto um fim bom, nobre e grande,
não o perde nunca de vista, consegue superar todos os obstáculos e
leva-o a bom termo;
é aquele que em qualquer assunto distingue a substância e
não se deixa enredar pelos acidentes e
une as suas forças e fá-las convergir para bom fim;
é aquele que na base de tudo isso espera o êxito apenas de Deus,
em quem põe a sua confiança, e mesmo que não consiga
realizar totalmente ou em parte o que pretende
sabe ter andado bem, tudo referindo à vontade e
à maior glória de Deus.*

*A simplicidade nada contém que esteja em contradição
com a prudência. A simplicidade é amor, a prudência é reflexão.
O amor reza, a inteligência vigia.
“Vigilate et orate”. Conciliação perfeita.
O amor é como a pomba que geme;
a inteligência prática é como a serpente que jamais cai
nem tropeça, porquanto vai tateando com a cabeça
as desigualdades do caminho.*

DIÁRIO ÍNTIMO,
João XXIII

INTRODUÇÃO

Neste livro estão descritas técnicas de primeiros socorros e condutas gerais que poderão ajudar-nos a enfrentar dificuldades ou emergências provocadas por vento, água, fogo, animais venenosos ou energia nuclear. Ao apresentar o assunto, não o damos como encerrado, nem supomos que o aprendizado de tais técnicas e condutas seja suficiente para nos tornar aptos a agir da melhor maneira em momentos de emergência. Não nos esqueçamos de que o inesperado e o imponderável estão sempre presentes e que inúmeros fatores concorrem nesses momentos, sobretudo a nossa capacidade de controle emocional.

Considerando essas reflexões, o que nos levou a apresentar este livro não foi somente a necessidade de difundir tais conhecimentos, mas principalmente a possibilidade de assimilá-los como parte natural da nossa experiência da vida, sem ressaltar obstáculos ou dificuldades e sem achar que dados teóricos por si sós bastam.

Acreditar que toda situação traz em si a própria solução é um bom exercício que podemos desenvolver cada vez mais, pois desperta em nós a capacidade de observar, mesmo nos momentos mais críticos. Apoiar-nos em conhecimentos adquiridos é, sem dúvida, uma boa base para a ação, da qual a intuição pode valer-se; no entanto, toda teoria a ser aplicada numa emergência deve inserir-se nas circunstâncias e ajustar-se às formas de ação possíveis.

Não precisamos ter medo de não saber como agir, nem achar que vamos fazer tudo certo ao prestar assistência em momentos de dificuldades, porque, por melhor que façamos, sempre podemos nos aperfeiçoar. Na verdade, nunca estaremos completamente preparados para atuar em emergências, pois elas em geral trazem consigo um aspecto de "surpresa", algo que não conhecemos, justamente para nos oferecerem a oportunidade de aprendermos um pouco mais e de servirmos melhor, com maior altruísmo.

Todos nós que nos preparamos voluntariamente para ajudar o próximo em momentos de dificuldade buscamos superar limitações, a fim de agirmos com calma e naturalidade, tendo a certeza de que não há problema sem solução. As ajudas que precisamos chegam na hora certa quando cumprimos a parte que nos cabe com presteza e dedicação. Os que assim se preparam tornam-se mais prudentes, fundamentados não no temor, mas na compreensão de que não há no mundo material detalhe sem importância nem desperdício que não possa ser evitado.

Fabian Missiano

Parte I

ORIENTAÇÕES MÉDICAS

ACIDENTES OCULARES

Contusão e ferimento nos olhos

Conduta de socorro
1. Fazer curativo protetor, sem comprimir a região afetada.
2. Encaminhar a pessoa a um serviço especializado.

Atenção: Não aplicar colírios ou pomadas sem indicação médica; usar óculos de proteção para previnir acidentes.

Presença de corpo estranho nos olhos

Partículas de poeira, limalhas de ferro, fragmentos de vidro, cílios e pequenos insetos podem atingir os olhos e danificá-los. Causam lacrimejamento, ardência, dor local e vermelhidão.

Conduta de socorro
1. Lavar imediatamente o olho afetado, com bastante água fria, lenta e continuamente, durante 3 a 5 minutos.

2. Retirar o corpo estranho, tocando-o de leve com um cotonete ou com a ponta de um lenço umedecido.
3. Procurar um médico ou um serviço especializado, se necessário.

Atenção: Se o corpo estranho estiver encravado nos olhos, *não tentar removê-lo*; proteger o olho afetado com um lenço e encaminhar a pessoa a um médico ou a um serviço especializado.

Queimaduras nos olhos

Por substâncias corrosivas

Ácidos, soda cáustica, cal, cimento e outras substâncias irritantes podem causar graves lesões aos olhos.

Conduta de socorro

1. Colocar a pessoa deitada de costas, com a cabeça ligeiramente voltada para o lado atingido.
2. Solicitar a ajuda de outra pessoa, a fim de manter a cabeça do acidentado na posição adequada.
3. Separar as pálpebras do acidentado com os dedos e, com a outra mão, derramar bastante água, de modo lento e contínuo, por 10 a 15 minutos.
4. Proteger o olho atingido com um lenço.
5. Remover imediatamente o acidentado para um hospital ou para uma instituição especializada.

Por radiação

A queimadura por radiação gera o que se denomina *olho do arco voltaico, olho do soldador* ou *cegueira de neve*. Seus sintomas são dor local violenta, ardência, lacrimejamento, vermelhidão e intolerância à claridade. Em geral as perturbações só se manifestam horas após a exposição aos raios.

Conduta de socorro

1. Aplicar compressa de água gelada sobre os olhos (a compressa alivia a dor e protege os olhos da claridade).
2. Remover imediatamente a pessoa para um hospital ou para uma instituição especializada.

ACIDENTES POR CHOQUE ELÉTRICO

A corrente elétrica é inversamente proporcional à resistência imposta à sua passagem — quanto maior a resistência, menor a corrente elétrica. O corpo humano oferece resistência de intensidade variável, de acordo com suas diversas áreas e com a proteção de que dispõe. Assim, uma pessoa com botas e luvas de borracha impõe maior resistência à passagem da corrente elétrica que outra descalça e com os pés na água.

De modo geral, ao se introduzir no corpo humano, a corrente elétrica percorre os locais de maior condutibilidade (menor resistência) e dirige-se ao solo, à terra. Quando atravessa os músculos, produz contração constante, o que leva o acidentado a ficar preso na fonte de energia, sem poder soltar-se.

Em contato com a pele ou com as mucosas do corpo, a corrente elétrica gera calor e provoca queimaduras, por vezes graves e profundas, sobretudo na área que toca a fonte elétrica e na de saída da corrente para a terra. Ressalte-se também que, quando o acidente por choque elétrico redunda em parada cardiorrespiratória, sua gravidade aumenta, podendo ser fatal.

Os efeitos da passagem da corrente elétrica no corpo são:

- *Alterações cardíacas*: arritmias, contrações rápidas (fibrilação) e parada cardíaca.
- *Alterações oculares*: queimaduras da córnea e catarata tardia.
- *Alterações pulmonares*: lesões pulmonares térmicas e graves insuficiências respiratórias.
- *Alterações vasculares*: hemorragias, tromboses e vasculites, que podem comprometer a irrigação da área acometida.

- *Complicações neurológicas*: amnésia, dor de cabeça, agitação, perda de consciência, convulsões e déficits motores e sensoriais.
- *Infeções em diversas partes do corpo e insuficiência renal aguda.*
- *Lesões músculo-esqueléticas*: fraturas, luxações, rupturas e dores musculares.
- *Queimaduras*: a lesão cutânea quase sempre é mínima comparada às lesões profundas.

Atendimento emergencial

1. Interromper o contato entre o acidentado e a fonte de eletricidade, desligando a chave geral, a tomada, o fusível, etc.
2. Desligada ou não a chave geral, tentar, sem perda de tempo, afastar o acidentado da fonte elétrica, munindo-se de objetos malcondutores, como, por exemplo, corda seca ou madeira seca. Jornais secos e caixotes servirão como base para pisar e aproximar-se do acidentado.
3. Após afastar com segurança o acidentado da fonte elétrica, avaliar rapidamente as suas condições vitais e aplicar a reanimação cardiorrespiratória, se necessário.
4. Cobrir as queimaduras com pano ou plástico limpos e não passar no local queimado nenhuma pomada, graxa, pasta de dente, mercuriocromo, mertiolate, etc.
5. Conforme a gravidade do caso, remover o acidentado para um hospital.

Observação: os esforços para reanimar um acidentado por choque elétrico devem ser prolongados, já que ele pode demorar a se recuperar da paralisia nervosa temporária (ver capítulo *reanimação cardiorrespiratória*).

Choques de alta voltagem

Uma pessoa comum não está apta a prestar nenhum socorro em casos de choques causados por cabos de alta tensão, cabos aéreos, condutores de trens ou linhas de alta voltagem. O que pode ser feito nesses casos é unicamente a sua prevenção: conservar-se o mais afastado possível da fonte de alta voltagem.

Observação: os cabos de alta voltagem costumam formar "arcos voltaicos", em que a corrente elétrica salta no espaço e vai em direção a qualquer metal próximo.

Raios e tempestades elétricas

Para evitar ser atingido por um raio, ao perceber que uma tempestade se aproxima:
- conserve-se longe de árvores, torres, pequenos edifícios, cercas de arame farpado e objetos salientes;
- não ande de bicicleta nem de motocicleta;
- abrigue-se num bosque denso, ou sob um rochedo ou, ainda, numa depressão do solo;
- se você se abrigar sob uma árvore isolada durante uma tempestade, mantenha-se bem afastado do tronco;
- os lugares mais seguros são dentro de um carro com teto de metal ou num prédio com pára-raios.

AFOGAMENTO

A morte por afogamento decorre da falta de oxigênio (asfixia) pela submersão em água ou em outro meio líquido, com ou sem aspiração do líquido. Os acidentes não fatais podem ser considerados *quase afogamentos*. Na maioria deles pouca água alcança os pulmões, pois, quando o líquido penetra na laringe, o organismo imediatamente responde com espasmo persistente que restringe a passagem de ar para o interior do corpo. Isso resulta na falta de oxigênio a tecidos nobres, como cérebro, coração e pulmões, cujo limite de resistência a essas restrições é de apenas alguns minutos (aproximadamente 5 a 8 minutos; em águas frias ou geladas esse tempo aumenta).

Quando o afogado fica inconsciente, relaxa a laringe, e então ocorre a penetração de água nas vias aéreas e nos pulmões.

As conseqüências desse fato dependem da natureza da água:

♦ a água doce passa para a corrente sangüínea, dilui o sangue e rompe os glóbulos vermelhos, entre outras conseqüências graves;

♦ a água salgada, ao contrário, atrai a água do sangue para os pulmões, o que resulta em quadros severos de edema pulmonar, com sintomas que poderão sobrevir até 4 dias após o acidente. Os afogados desse tipo que se recuperam por meio de reanimação cardiorrespiratória devem ser hospitalizados para atenção especial a essa síndrome chamada *pós-imersão* ou afogamento secundário.

Para a avaliação de acidente aquático é importante saber: quando aconteceu o acidente; se ele ocorreu na superfície ou na profundidade, com ou sem equipamento de mergulho. Em sua grande maioria, os acidentes causados por esportes aquáticos ocorrem próximo à superfície da água, sem uso de equipamento para respiração. Nos acidentes em águas profundas, em geral com equipamentos de mergulho, faz-se necessário utilizar condutas específicas não consideradas aqui.

Atendimento emergencial

A primeira providência num afogamento é atirar ao afogado um objeto flutuante (bóia, bola, tábua, pneu, etc.), de preferência amarrado a uma corda. Se for preciso nadar ao encontro da pessoa, o socorrista deve ser um bom nadador e estar em perfeitas condições físicas; o mais seguro é também o socorrista manter-se ligado a uma corda presa em terra firme.

A aproximação ao acidentado deve dar-se preferencialmente pelas costas, para evitar que, pelo nervosismo, ele dificulte o salvamento. Há diversas maneiras de resgatar um afogado. Uma delas é segurá-lo pelo punho e virá-lo de costas, tendo o cuidado de deixar sua cabeça fora d'água. Então, o socorrista deve nadar utilizando as pernas e o braço que estiver livre.

Se o acidentado estiver inconsciente, o melhor é transportá-lo segurando a sua cabeça: uma das mãos segura a parte posterior do pescoço e a outra, a testa. Então, o socorrista deve nadar utilizando as pernas.

No que se refere ao atendimento médico, de modo simplificado, os acidentes aquáticos tratados aqui podem ser classificados em quatro graus, que apresentam sintomas característicos e requerem diferentes condutas de socorro.

1.º grau

É o acidente aquático menos grave e decorre principalmente do nervosismo da pessoa, que entra em pânico na água, mas não chega a aspirar ou a engolir grande volume de líquido.

O acidentado apresenta-se pálido, trêmulo e, quase sempre, com taquicardia, náuseas, vômitos e dores de cabeça. As providências necessárias são o repouso e o aquecimento do corpo.

2.º grau

Em água salgada, o afogado apresenta coloração *ligeiramente* azulada (cianose decorrente da presença de líquido no aparelho respiratório), com secreção nasal e bucal um pouco espumosa. Em água doce, apresenta coloração *ligeiramente* branca, palidez branda. Em ambos os casos, manifesta tremores, náuseas e vômitos, mas mantém-se consciente, respirando e com controle motor.

As providências necessárias são o repouso, o aquecimento do corpo do afogado e as condutas para facilitar a respiração de ar puro (manter o corpo do afogado deitado de costas sobre uma superfície macia, a cabeça mais baixa que os pés e virada de lado, a fim de os resíduos expelidos por vômito não impedirem a respiração).

É necessário encaminhar o afogado a uma avaliação médica.

3.º grau

Em água salgada, o afogado apresenta coloração *fortemente* azulada (cianose decorrente da presença de líquido no aparelho respiratório), com secreção nasal e bucal um pouco espumosa. Em água doce, apresenta coloração *fortemente* branca, extrema palidez. Em ambos os casos, manifesta sinais de alteração cardíaca, edema no pulmão e perda da orientação no tempo e no espaço, mas ainda respira.

O afogado deve ser conduzido a um centro médico com urgência; no transporte, recomenda-se mantê-lo deitado de costas sobre uma superfície em declive (cabeça mais baixa que os pés) e o socorrista que o acompanha deve estar pronto para aplicar respiração artificial e massagem cardíaca.

4.º grau

O afogado mostra-se inconsciente e com parada cardiorrespiratória. A assistência deve ser precisa e imediata: desobstrução das vias aéreas superiores para a passagem do ar (com as mãos, se possível protegidas, retirar da boca do afogado próteses, algas misturadas a plantas ou terra, etc.) e aplicação de respiração artificial e de massagem cardíaca. O encaminhamento para um hospital deve ser providenciado paralelamente à aplicação das medidas de socorro.

Observações

- Se o acidente acontecer em água salgada, os cuidados deverão ser redobrados no acompanhamento posterior.
- Em geral o afogado engole grande volume de água e, com o início das manobras de salvamento, poderá vomitar. Não se deve esquecer de virar a cabeça dele para o lado a fim de que o líquido gástrico escoe para fora e não reflua para a laringe e para os pulmões.

- Se o paciente continuar manifestando sinais vitais, ainda que fracos, após ter ficado submerso tempo suficiente para o levar à inconsciência ou após ter ficado debaixo d'água por menos de uma hora, ele deverá ser reanimado mediante aplicação imediata de ventilação artificial ou reanimação cardiorrespiratória, com oxigênio suplementar, se possível.
- A reanimação cardiorrespiratória deve ser mantida até aparecerem indícios de recuperação ou até que se constate óbito.
- A capacidade fisiológica do acidentado para se recuperar pode ser maior do que se imagina.
- Desde o início do salvamento alguém deve encarregar-se de providenciar a vinda de unidade de atendimento a emergências.

Medidas preventivas

- Estimular programas de educação e treinamento de natação.
- Incentivar a difusão do conhecimento de técnicas de salvamento e de reanimação cardiorrespiratória.
- Não praticar natação e não se expor à água sem preparo ou após ingestão copiosa de alimentos ou de bebidas alcoólicas.
- Nunca nadar sozinho e, sempre que possível, nadar em áreas supervisionadas por salva-vidas.
- Ao deparar com uma corrente, nadar em diagonal através dela até conseguir sair.
- Não mergulhar em águas desconhecidas ou em praias com ondas que se quebrem no raso.
- Não nadar em áreas próximas a ancoradouros ou estacas.
- Pessoas epilépticas devem ser orientadas para não se exporem em praias perigosas, com ondas fortes e fundo irregular.
- Usar bóias, coletes salva-vidas, etc., nos trabalhos em alto-mar e em práticas esportivas ou profissionais.
- Não substituir a falta de conhecimento em natação por objetos flutuantes.

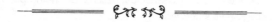

ALIMENTAÇÃO EM EMERGÊNCIAS

Alimentos crus

Em situações de emergência, deve-se lançar mão de todos os recursos disponíveis para aumentar as chances de sobrevivência. A ingestão de alimentos crus oferece uma alternativa simples e saudável para a nutrição. O alimento cru conserva mais nutrientes que o cozido e é refrescante e depurativo. Por ser refrescante, é indicado para pessoas que exercem intensa atividade física; por ser depurativo, é indicado para as que tenham abusado de produtos animais, pois eles deixam resíduos de gordura nas paredes do intestino.

As frutas são geralmente ingeridas cruas. Elas purificam o sangue e regulam o aparelho digestivo e desintoxicam o organismo. O seu consumo regular contribui para a saúde dos tecidos arteriais e para a prevenção da esclerose.

Muitas hortaliças também podem ser ingeridas cruas, até mesmo algumas que tradicionalmente são cozidas. Folhas (alface, couve, repolho, etc.), raízes (cenoura, nabo, rabanete, etc.) e legumes (chuchu, abobrinha, abóbora, etc.) podem ser consumidos na forma natural. As hortaliças mais duras devem ser raladas para facilitar a digestão.

Preparo

Lavar o vegetal em água corrente.

Se a sua origem não for conhecida, deixá-lo de molho por 15 minutos em uma das seguintes soluções:

- 3 colheres de sopa de suco de limão para 5 litros de água;

- 1 colher de chá de hipoclorito de sódio (água sanitária) para 15 litros de água;
- 1 colher de sopa de vinagre para 15 litros de água.

Depois escorrer a água e lavá-lo novamente em água corrente.

Armazenamento

- Não lavar os vegetais antes de armazená-los.
- Armazená-los separadamente, de forma a deixá-los arejados.
- Manter-lhes a haste, se houver.
- Não armazenar vegetais amassados ou estragados.
- Manuseá-los delicadamente, tendo o cuidado de não feri-los.

Frutos

Logo após a colheita, colocá-los em local arejado, durante toda a noite. Armazená-los depois em prateleiras, virando-os de vez em quando, ou pendurá-los em varais, com ou sem redes.

Batata, cenoura, aipo e alho-poró

Há algumas formas de armazenamento:

- enterrá-los na areia, bem afastados uns dos outros, de preferência em lugar abrigado;
- colocá-los em silos forrados com palha seca, deixando um espaço nas laterais para ventilação;
- fazer uma pirâmide com os legumes e cobri-los com boa camada de palha. Em seguida, cobrir a palha com uma camada de 15 cm de terra, bem calcada, deixando pequenos túneis na base e uma chaminé no topo. Fazer uma vala para drenar a água da chuva, e ter cuidado com os ratos.

Brotos

Alimento de alto valor nutritivo e de preparo simples.

- Usar sementes sadias, sem agrotóxico.
- Preparar os brotos em recipiente que permita o escoamento da água.
- Regar uma ou duas vezes ao dia (se o broto recebe pouca água, fica escuro e murcho).

♦ Colher quando a haste brotada atingir o tamanho da semente ou pouco mais, desde que ainda não tenha folhas.

Preparo

Lavar e deixar de molho por 8 horas em água fria e por 1 hora em água morna um dos seguintes grãos: trigo, centeio, arroz, girassol, gergelim, painço ou mileto. Escorrer e distribuir os grãos por quantidades adequadas em vasilhas de plástico, tipo bandeja furada. Cobrir com um pano de algodão e colocar cada bandeja sobre uma pequena vasilha, de forma a não acumular água na parte inferior da bandeja.

Após 24 horas, levar as bandejas até a pia e lavar com delicadeza os brotos, deixando-os por 5 minutos sob ducha fraca e corrente. Escorrer bem e colocar novamente na estufa, cobertos com pano.

Após 24 horas, repetir a operação de hidratação. Nesse ponto os germinados deverão estar do tamanho do grão ou um pouco maiores; já poderão ser deixados de molho com o dobro de água para fazer o soro, ou moídos para preparo de pães ou do malte de arroz.

Após 48 horas, os brotos tendem a ficar ligados entre si pelas raízes que começam a despontar, e quando formam os blocos devem ser delicadamente dissolvidos com as mãos, durante a hidratação.

Caso se queira um broto mais comprido, deixar mais 24 horas de molho, repetindo a operação de hidratação.

Os brotos adequados para consumo em saladas são os de moyashi, gergelim, painço e mileto, que podem ser deixados de molho em água fria por 2 horas antes de servir. Devem entrar como um complemento, pois são fibrosos e portanto um pouco difíceis de mastigar.

No caso do moyashi, a germinação leva 4 dias e, antes de usar, deixar os brotos de molho com suco de limão por 1 hora, para minimizar a oxidação, que escurece um pouco as extremidades.

Armazenamento

De grãos para brotos

Usar latas ou potes que possam ser bem fechados, retirando-lhes o ar. Para retirar o ar, acender um chumaço de algodão, colocar dentro da lata com os grãos e fechá-la bem. O fogo se apagará quando não houver mais oxigênio dentro do recipiente.

De brotos e derivados

Para melhor conservação, colocar os brotos numa vasilha com água fresca até o momento de serem consumidos. A porção não utilizada deverá ir para a geladeira em recipiente hermético (mantém-se por 3 dias). Antes de servir, deixá-los 30 minutos em água e, então, escorrê-los.

Pode-se também secá-los ao sol ou no forno (em temperatura amena para não perderem as enzimas) e depois transformá-los em farinha, para complementação alimentar.

Iogurte de brotos

Macerar o broto de cereal integral até que ele vire uma pasta.

Colocar a pasta numa vasilha, embrulhando-a em cobertor ou pano de lã grosso, e levá-la ao sol no período mais quente do dia. Deixar descansar por 8 horas.

Se não houver sol, macerar o broto em água limpa, filtrada, e colocá-lo numa vasilha. Para que fermente, deixar a vasilha embrulhada num cobertor, no lugar mais aquecido possível, por 12 horas.

Ao fermentar, escoar o líquido e guardar o iogurte na geladeira. Na falta de geladeira, consumi-lo imediatamente.

Se a fermentação continuar, por falta de resfriamento, o iogurte torna-se um vinagre que pode ser usado como tempero e conservante.

Conservas

São alimentos concentrados e bastante fortes, que se mantêm em bom estado por longo período.

Preparo

Raízes prensadas em sal

Lavar bem as raízes, cortá-las em pedaços, misturá-las com sal na proporção de 10% (100 g de sal para 1 kg de raízes).

Colocar uma bandeja ou bacia em cima das raízes com um peso 3 a 5 vezes maior que o delas. Deixar descansar por 2 dias.

Mexer bem as raízes na água que se forma.

Retirar a água, que pode ser guardada em vidro, na geladeira, para ser usada no preparo de outros alimentos.

Enxugar as raízes e colocá-las à sombra, por alguns dias, para que percam a umidade superficial. Consumi-las ou deixá-las em geladeira.

Antes do uso, lavá-las para retirar o excesso de sal. Esta conserva mantêm-se por 30 a 90 dias, ou por vários meses se for mergulhada no missô, antes de ir para a geladeira.

Vegetais moles prensados em sal

Lavar bem os vegetais, cortá-los em pedaços grandes, colocá-los em recipiente de vidro, aquecê-los a 80°C e esperar esfriar até 35/40°C.

Adicionar então água com sal, até cobrir os vegetais (para a conserva manter-se por 1 mês, colocar 1 colher de sopa de sal para 1 litro de água; para manter-se por 2 ou 3 meses, dobrar a quantidade de sal).

Tampar o recipiente e colocar na geladeira por 2 dias.

Pode-se também fazer um cozimento rápido dos pedaços de vegetais e mergulhá-los em solução de shoyo até esfriarem. Para conservar por até 10 dias, fechar hermeticamente o vidro.

Conserva fresca

Cortar os vegetais e acrescentar-lhes sal na proporção de 1 colher de chá de sal para cada quilo de vegetal. Misturar bem, acrescentar 2 colheres de sopa de mel e 2 colheres de sopa de suco de limão por quilo. Misturar novamente e prensar com um peso idêntico ao dos vegetais empregados.

Conserva de tomates

Retirar as sementes dos tomates, desidratá-los parcialmente ao sol e salgá-los. Colocá-los em vidro esterilizado e adicionar azeite doce.

Conserva de pimentões

Remover a pele dos pimentões (a remoção é facilitada se eles forem levemente mergulhados em água morna).

Retirar o miolo dos pimentões, colocá-los em vidro com tampa hermética, untá-los com azeite doce e levá-los ao forno brando por uma hora.

Destampar o vidro e acrescentar ervas e temperos. Tampar novamente e guardar em lugar fresco.

Conserva de frutas

Descascar, cortar, retirar as sementes e picar as frutas.

Colocá-las em vidro esterilizado, de tampa hermética, com um pouco de água e mel, fechar bem e levar ao forno brando por 1 hora.

Desligar o forno e manter o vidro ali até esfriar completamente.

Guardar em geladeira ou lugar fresco.

Raízes com farelo de arroz

Lavar bem as raízes e utilizar 250 g de farelo para cada quilo de raiz.

Dispor as raízes e o farelo em camadas alternadas num recipiente adequado.

Cobrir tudo com um pano e prensar com um peso idêntico ao das raízes.

Fechar bem o recipiente. Deixar em repouso de 1 a 6 meses.

Milho, ervilha, vagem e cenoura

Preparar uma calda com:

- ♦ 1 litro de água;
- ♦ 10 a 15 g de sal ou mel;
- ♦ ½ copo de suco de limão ou 2 copos de vinagre;
- ♦ 2 copos de água.

Deixar ferver por 15 minutos.

Cozinhar ligeiramente os legumes nessa calda e colocá-los em vidros esterilizados, sem preenchê-los completamente (deixar um espaço de 3 a 5 cm até a borda do vidro).

Cobrir totalmente os legumes com a calda coada. Ferver os vidros destampados por 10 minutos. Tampá-los e fervê-los por mais uma hora. Se necessário, adicionar água para fervura, sempre quente, de modo que não haja choque térmico.

Deixar os frascos na panela até esfriarem.

Observar a conserva durante 3 dias. Se houver surgimento de bolhas, terá ocorrido contaminação e o processo deverá ser refeito.

Esterilização de frascos de vidro

Lavar bem os frascos, colocá-los em uma panela, imersos em água, e deixá-los ferver por 30 minutos.

Retirar a água e enchê-los ainda quentes, tendo o cuidado de deixar 2 a 3 dedos de espaço vazio.

Fechá-los, observando se a tampa não apresenta sinais de degradação. Para fechá-los, pode-se também usar plástico maleável amarrado com barbante; para isso, mergulhar o pedaço de plástico em água quente e tampar o vidro com ele, esticando-o e fazendo pressão para baixo. Outra pessoa deve amarrar o barbante em 2 voltas. Se o plástico se romper, refazer a operação.

Depois colocar os frascos, já fechados, submersos em banho-maria e observar se há formação de uma barriga, prova de que não está entrando água ou ar.

Retirar os vidros e deixá-los esfriar naturalmente sobre uma grade de madeira ou sobre panos de cozinha dobrados.

Sinais de degradação da conserva

Desprezar a conserva se:

- ocorrer escurecimento opaco do vegetal;
- surgir odor desagradável, pontos pretos, vermelhos ou verdes em forma de pequenas flores de mofo na superfície da conserva;
- formar uma camada viscosa no vegetal;
- notar sabor alterado (muito ácido ou alcoólico) do vegetal ou seu esfarelamento.

Alimentos desidratados

Os alimentos desidratados podem conservar-se por 3 meses. A desidratação é uma opção a ser considerada quando há vegetais em abundância durante certo período do ano e escassez nos demais períodos.

Os vegetais desidratados também podem ser transformados em farinhas, que complementam a alimentação.

Preparo

Lavar bem os vegetais.

Cortar as raízes em fatias finas, em diagonal. Abóbora e chuchu, em cubos ou fatias finas. Frutas grandes, em pedaços (não cortar as pequenas).

Secar as fatias ou cubos à sombra, por dois dias, e depois ao sol por mais 7 dias, ou até secarem completamente.

Secar as folhas e os talos separadamente. Mergulhar as folhas por 15 minutos em uma solução de 5 litros de água para 1 copo de suco de limão coado (esse procedimento diminui a fermentação e o risco de contaminação).

As folhas são sempre secas à sombra (não expô-las ao sol) e quebradas manualmente após a secagem.

Se não houver sol, aquecer o forno em fogo médio, apagar e, após 10 minutos, colocar os vegetais para secar. Repetir a operação de 4 em 4 horas, até que estejam secos.

Guardar os vegetais em potes bem fechados, à sombra.

Para utilizar os vegetais, deixá-los de molho em água fria por 15 minutos ou usá-los secos.

Observações

- ◆ Nos vegetais desidratados ocorre uma concentração de princípios ativos, bem como a redução de líquido. Devem ser usados com critério, pois as substâncias podem ser tóxicas se ingeridos em grande quantidade.

- ◆ Se surgirem pontos pretos, mofo ou líquido viscoso e fétido nos vegetais desidratados, é sinal de que houve degradação. Desprezá-los.

- ◆ Quando tostados, os vegetais desidratados permitem o armazenamento por mais tempo (importante em viagens longas). Para tostá-los, deve-se lavá-los e secá-los em panela ou tacho, em temperatura média-alta, até que dourem e estejam com aroma suave. A mesma observação é válida para a conservação de grãos.

Formas alternativas de preparo de alimentos

Amaciamento em água

Lavar bem os alimentos, cobri-los com água fria e mantê-los assim por 12 horas. Trocar então a água (que pode ser usada em sopas e caldos) e deixá-los de molho por mais 12 horas.

Substituir a água do molho por água quente, cobrir a vasilha e aguardar 6 horas. Se não houver água quente, deixar de molho por mais 12 horas.

Quando o alimento estiver macio, pode ser consumido.

Pode-se reduzir o tempo de amaciamento colocando-se ao sol a vasilha com a água e o alimento exposta ao sol.

Amaciamento com sal ou shoyo

Lavar bem os alimentos, cobri-los com água e sal ou com shoyo diluído em água e mantê-los assim por 12 horas.

Quando o alimento estiver macio, pode ser consumido.

Preparo de alimento em forno solar

Um forno solar rudimentar pode ser improvisado em uma caixa com tampa de vidro, escura por dentro (produz o efeito estufa), com boa circulação de ar.

Colocar o alimento, em bandeja ou panela, dentro da caixa e levá-la ao sol.

Deixá-lo cozinhar de 2 a 6 horas, a depender da natureza do alimento.

Preparo de pão em nascentes de água quente

Preparar a massa do pão, colocá-la numa caixa de papel laminado, deixando espaço para a massa crescer.

Colocar a caixa numa panela e envolver esta com panos quentes.

Imergi-la até a metade na nascente, por 2 dias.

Complementação de cozimento em caixa térmica

Quando a água do cozimento dos alimentos estiver fervendo, colocar a panela envolvida em panos grossos dentro da caixa térmica para que se complete o cozimento.

O mel

O mel é bactericida, desinfetante, cicatrizante e energético.

Colheita de mel silvestre

Proteger bem o corpo com calça e camisa de manga comprida, ambas de tecido grosso e de cor clara.

Cobrir bem os ouvidos, o nariz e a boca, expondo ao mínimo o rosto e o pescoço.

Não ter medo e movimentar-se com calma, bem sereno.

Procurar a colmeia, atento ao zumbido característico, ao odor do mel e ao movimento constante das abelhas. A colmeia pode estar em ocos de árvores, buracos no chão ou em rochas, cupinzeiros, copas de grandes árvores, capoeiras ou objetos feitos pelo homem.

Jogar fumaça na colmeia com o fumigador próprio ou improvisado com panos velhos. Ir removendo o material em volta da colmeia, começando pelo buraco de entrada até alcançar os favos.

Retirar alguns favos e colocá-los no vasilhame disponível, deixando na colmeia reserva de mel suficiente para as abelhas.

Afastar-se rapidamente do local.

A água

A água tem função nutritiva e curativa. Age diretamente nas células físicas e, pelo seu magnetismo, regulariza as forças orgânicas como um todo.

Na impossibilidade de reconhecer se a água disponível é potável, deve-se ter o cuidado de torná-la potável, antes de consumi-la.

Métodos de obtenção de água potável

- Filtrar a água de chuva, do rio, lago, etc. em um pano limpo. Fervê-la de 15 a 30 minutos e em seguida passá-la de uma vasilha para outra várias vezes, para ser oxigenada.
- Usar 1 colher de chá, 5 gotas ou 1 pastilha de hipoclorito de sódio (água sanitária) por litro de água de chuva, do rio, lago, etc. Aguardar 30 minutos antes de usar.
- Usar 2 gotas de iodo por litro de água de chuva, do rio, lago, etc. Aguardar 30 minutos antes de usar.
- Improvisar uma destilação solar. Para isso, coletar a água em um recipiente, cobri-lo com um plástico ou qualquer material impermeável disponível e limpo. Colocar o recipiente, coberto, ao sol bem quente. Sob efeito do calor, a água evapora, condensa-se no plástico ou na tampa e começa a gotejar. A cobertura deve ser colocada de forma que as gotas condensadas possam escorrer em direção a um copo. A água de chuva ou a obtida por destilação solar não contêm sais minerais, deve-se portanto acrescentar 1 a 2 mg de sal por litro de água purificada.

O ar

O ar é um elemento vital para o ser humano. A principal via de ingresso do ar no organismo humano é a respiração. As funções físicas, sensoriais e mentais do homem são influenciadas diretamente pela respiração, por isso é importante sempre prover boa ventilação dos ambientes (dormitórios, casas, etc.). A respiração está ligada ao exercício da vontade e, portanto, recebe reflexos benéficos da decisão por uma vida equilibrada. Uma respiração profunda pode contribuir para acalmar os sentidos, controlar os nervos e afrouxar a tensão física e psíquica.

O sono

O sono pode ser considerado um "alimento", por renovar as forças do corpo. Restabelece o equilíbrio na consciência e no organismo humano, renovando-os e acalmando-os.

Para aproveitar melhor o período de sono como fonte de vitalização, é importante observar a qualidade do que se lê na hora de dormir e a qualidade dos pensamentos e sentimentos cultivados durante o dia e na hora de adormecer. É bom também evitar desperdício de energia em atividades desnecessárias, ajustar o sono a um padrão de equilíbrio e evitar conversas supérfluas e deprimentes. Além disso, o último pensamento antes de dormir deve ser positivo.

Em longas caminhadas com alimentação e água regrada, é recomendável ter mais de 8 horas de sono diário e iniciar o repouso logo após o pôr-do-sol.

Ervas e frutos silvestres alimentícios

Amapá-doce (*Brosimum paraense*): Sua casca, quando ferida, fornece um látex de cor branca, muito abundante (leite do amapá), que pode ser ingerido cru, em pequenas quantidades.

Ananás (*Ananás ananassoides* L. B. Smith): Também chamado abacaxi nativo, é uma planta herbácea de 60 a 80 cm de altura; forma touceiras e tem frutos de cor amarela, comestíveis ao natural, semelhantes ao abacaxi.

Araçá (*Psidium firmum* Berg.): Arbusto de 1 a 1,5 m de altura, de fruto amarelo, arredondado e pequeno, que pode ser consumido ao natural ou cozido.

Araticum (*Anona crassiflora* Mart.): Também chamado de marolo ou bruto, é uma árvore de 6 a 8 m de altura, com frutos amarronzados, grandes, que podem ser consumidos ao natural ou cozidos.

Bambu (*Bambusa* sp.): Seus brotos são comestíveis. Não se deve feri-los ao colhê-los e ao descascá-los. Devem ser fervidos, rejeitando-se a primeira água de fervura. Usar como legume ou fazer conserva como o palmito.

Baru (*Dipteryx alata* Vog): Também chamado de cumbaru, é uma árvore de 6 a 8 m de altura, com frutos marrons, de 5 a 7 cm de comprimento, dos quais se aproveita a polpa e a amêndoa, que pode ser consumida ao natural ou cozida.

Beldroega (*Portulaca oleracea* L.): Também chamada ora-pró-nobis, beldroega-pequena, beldroega-verdadeira, portulaca, caaponga, salada-de-negro, porcelana, bredo-de-porco, verdolaga, beldroega-vermelha, beldroega-da-horta, beldroega-de-comer. É uma planta herbácea, suculenta. Suas flores são pequenas, amarelas ou alaranjadas. Possui sementes pequenas, pretas. É comum nos roçados, nos currais e nas ruas. Suas hastes e folhas são comestíveis em saladas ou em refogados, e suas sementes podem ser misturadas a farinhas.

Bênção-de-deus (*Talinum patens*): Também chamado major-gomes, maria-gorda, língua-de-vaca, caruru, joão-gomes, beldroega-grande, beldroega-miúda, é uma planta herbácea, ereta e sem pêlos, de folhas grandes, carnosas e ovaladas. Suas flores são pequenas, róseas ou lilases. As folhas podem ser consumidas cruas ou refogadas.

Caju-do-cerrado (*Anacardium othonianum* Rizz): Também chamado caju-de-árvore-do-cerrado, é uma árvore de 3 a 4 m de altura, com frutos amarelos e vermelhos, de 2 a 4 cm de comprimento, dos quais se aproveita a polpa, ao natural ou cozida; o bagaço pode ser transformado numa farinha muito rica, e a castanha pode ser consumida assada ou cozida.

Cambará (*Lantana camara*): Também chamado camará, cambará-de-espinho, cambará-de-cheiro, cambará-miúdo, cambará-verdadeiro, cambará-chumbo, cambará-vermelho, cambará-de-folha-grande, camará-juba, é uma planta perene, que atinge até 1,5 m de altura; tem pequenos espinhos recurvados, folhas ásperas, de 3 a 7 cm de comprimento. Suas flores são amarelas e vermelhas, aromáticas. Seus frutos, negro-arroxeados, tipo baga de 3 a 4 mm de diâmetro, podem ser consumidos ao natural.

Cana-de-macaco (*Costus spiralis*): O suco de sua haste nova é mucilaginoso e ácido, porém, com água e açúcar, é um excelente refrigerante.

Capuchinho (*Tropaeolum majus*): Também chamado chaguinha, chaga, mastruço-de-porco, é uma planta trepadeira, de caule grosso, retorcido e suculento, com folhas grandes e arredondadas. Suas flores são alaranjadas ou vermelhas, com manchas escuras em seu interior, e seus frutos são formados por 3 coquinhos carnosos que se separam por completo. É encontrado em jardins e terrenos baldios. Toda a planta é comestível, porém deve ser misturada com outro tipo de verdura por ter gosto picante.

Caruru (*Amarantus* sp.): Também chamado caruru-de-mancha, caruru-pequeno, caruru-de-porco, caruru-bravo, caruru-roxo, bredo-vermelho, bredo-de-espinho, é uma planta anual, pequena, ereta e pouco ramificada, de folhas simples. Suas flores são dispostas em pequenos aglomerados que formam um rabinho. Suas folhas e talos são comestíveis, porém deve-se cozê-los e escorrer a água, como se faz com o espinafre, para retirar o excesso de ácido nítrico.

Cipó-d'água (*Davilla rugosa*): Também chamado cipó-vermelho, seus segmentos grossos contêm água potável de gosto agradável.

Dente-de-leão (*Taraxacum officinale* Weber): Também chamado dente-de-leão-de-jardim, pára-quedas, taraxaco, é uma planta sem caule que possui, na base, folhas de 13 a 30 cm de comprimento. Suas flores são amarelas e seus frutos, escuros, foscos e pequenos. Quando as sementes estão secas, formam um pompom branco. Cresce em solo rico e adubado e nas frestas de calçamentos e muros. Suas folhas novas e as flores são usadas em saladas; as folhas velhas são refogadas, e as raízes usadas cruas, cozidas ou tostadas como o café.

Embaúba (*Cecropia peltata*): Também chamada imbaúba, ambaú, ambartinga, árvore-da-preguiça, pau-de-lixa, torém, umbaúba, é uma árvore esguia, de tronco reto e oco, ramificada somente no ápice, que pode atingir 25 m de altura. Tem folhas arredondadas, tenras e enormes, divididas em 7 a 9 lobos, com tonalidade prateada. Suas flores femininas são em número de 4 e as masculinas, numerosas. Seu fruto, comestível, é parecido com o figo.

Feijão-de-doce (*Canavalia gladiata* D. C.): Também chamado feijão-bravo ou feijão-de-porco, é uma trepadeira com folhas que podem chegar a 20 cm de comprimento, flores agrupadas ao longo do caule, em densos cachos lilases, e frutos em forma de vagens achatadas que atingem até 50 cm de comprimento e se abrem espontaneamente, mostrando as sementes grandes. Para consumir as sementes, deve-se deixá-las de molho por algumas horas para perderem as cascas. Depois, cozinhar em água e sal, trocando a água 4 a 5 vezes durante o cozimento. As sementes também podem ser usadas como conservas, sempre desprezando a água.

Gabiroba (*Psidium incanescens*): Também chamada guavira ou gariroba, é um arbusto de 60 a 80 cm de altura, com frutos de 1 a 3 cm de comprimento por 2 a 3 cm de diâmetro, amarelos, cuja polpa pode ser consumida ao natural ou cozida.

Gravatá (*Bromelia balansae* Mel): Também chamado caraguatá, é uma planta herbácea de 60 a 80 cm de altura, com frutos amarelos, de 3 a 5 cm de comprimento, em cacho, cuja polpa branca pode ser consumida ao natural ou cozida.

Ingá (*Inga* sp.): Também chamado angá, é uma árvore de 5 a 8 m de altura, com frutos esverdeados, em baga, que medem de 5 a 12 cm de comprimento; sua polpa branca pode ser consumida ao natural.

Ituá-açu (*Gentum urens*): Possui água potável no interior do seu caule.

Jatobá (*Hymenaea* sp.): Também chamado jataí ou jutaí, é uma árvore de 6 a 10 m de altura, com frutos tipo baga preta ou marrom, de 6 a 20 cm de comprimento, cuja polpa branca ou amarelada pode ser consumida ao natural, cozida ou sob a forma de farinha.

Jurubeba (*Solanum paniculatum*): Também chamada jurubeba-verdadeira, jurubeba-branca, jurubebinha, jubeba, jurupeba, juvena, juuna, é um arbusto ereto que atinge até 3 m de altura, com caule espinhoso e sem pêlo, de flores às vezes azuladas ou violáceas. Seus frutos, em forma de baga, são verde-claros ou esbranquiçados quando maduros, e podem ser usados refogados, com moderação.

Lágrima-de-nossa-senhora (*Coix lacrima*): Também chamada capiá, buirá, capim-de-conta, capim-rosário, contas-de-jó, contas-de-rosário, lágrimas-de-são-pedro, é uma planta de 1 m de altura. Suas inflorescências possuem flores masculinas e femininas e seus frutos são duros, cinzabrilhantes. Está presente em terrenos aluviais maldrenados, principalmente às margens de lagos e pântanos. A farinha dos frutos é muito rica.

Lobeira (*Solanum lycocarpum*): Também chamada fruta-de-lobo, berinjela, baba-de-boi, loba, jurubebão, é um arbusto de caule tortuoso, ramificado, de 2 a 4 m de altura. Suas flores, violáceas, estão distribuídas em inflorescências. Seu fruto, tipo baga globosa, tem de 8 a 12 cm de diâmetro, coloração verde e é comestível, com moderação.

Maçaranduba-verdadeira (*Manilkara huberi*): O látex obtido do seu tronco é potável, porém pouco abundante.

Mama-cadela (*Brosimum gaudichaudii* Trec): Também chamada algodão-zinho, irecê, maminha-de-cachorra, apê-do-sertão, amoreira-do-mato, conduri, inharé, mumurerana, é um arbusto de 4 a 5 m de altura, com frutos alaranjados, esféricos, que medem de 2 a 3 cm de comprimento; têm polpa amarela, que pode ser consumida ao natural ou cozida.

Maracujá-nativo (*Passiflora* sp.): Também chamado maracujá-do-mato, surucujá ou sucururá, é uma trepadeira de caule desprovido de pêlo, com folhas grandes, duras, e flores grandes e solitárias, com cálice verde por fora e vermelho por dentro. Seu fruto é esférico, com 6 a 8 cm de diâmetro, esverdeado, com polpa amarela, gelatinosa, acre-doce, que pode ser consumida ao natural.

Mariazinha (*Hedychium coronarium*): Também chamada bastão-de-são-josé, flor-de-lis, jasmim-borboleta, lágrima-de-moça, lírio-branco, lírio-do-brejo, narciso ou olímpia, é uma planta perene que vive em grupos, tem folhas verde-claras, flores brancas, grandes, dispostas em espigas, muito perfumadas, porém em outra fase destaca-se o vermelho de suas sementes. Suas raízes são semelhantes ao gengibre. Está presente em qualquer solo, principalmente em terra úmida. Suas folhas podem ser consumidas cruas ou refogadas e a fécula das suas sementes é semelhante ao polvilho.

Marmelada-nativa (*Alibertia edulus* Rich): Árvore de 3 a 4 m de altura, com frutos pretos, de 2 a 4 cm de comprimento, esféricos, de polpa preta, que pode ser consumida ao natural ou cozida.

Mastruço (*Lepidium pseudodydimo* Thell): Também chamado agrião-bravo, agriãozinho, mastruz, é uma planta aromática, de 15 a 30 cm de altura, ramificada e de aspecto delicado, com folhas de tamanho variado. Seus frutos são minúsculos, com poucas sementes, escuros e esféricos. Está presente em todos os tipos de solo. Suas folhas podem ser consumidas ao natural ou refogadas.

Mostarda (*Brassica* sp.): Também chamada colza, couve-nabeira, falso-nabo, nabo-branco, nabeira, ruibarbo, é uma planta herbácea, ereta, de 30 a 140 cm de altura, caule ramificado revestido por uma delicada camada de pêlos, ou sem eles, com flores amarelas, em cachos, e sementes castanho-escuras. Suas folhas são comestíveis cruas ou refogadas.

Murici (*Byrsonima verbascifolia* Rich): Também chamado muruci, é um arbusto de folhas verde-escuras, luzentes por cima e cobertas de pêlos sedosos por baixo. Suas flores, amarelas, carnosas, com 1 cm de diâmetro, podem ser consumidas ao natural, amassadas com água e misturadas com farinha ou cozidas.

Ora-pro-nóbis (*Peireskia* sp.): Também chamada groselheira-da-américa, groselheira-das-antilhas, lobobo, lobrobó, é um arbusto com ramos trepadores que atingem mais de 3 m de comprimento, com folhas carnudas, com 2 espinhos axilares grandes e curvos. Suas flores são pequenas, brancas, amarelo-pálidas ou róseas. Sua baga é esférica, achatada, amarelo-viva, com sementes chatas e negras. Suas folhas podem ser consumidas ao natural ou refogadas.

Pariparoba (*Potomorphe umbellata* L.): Também chamada capeba, caapeba, caapeba-do-norte, catajé, malvarisco, capena, aguaxima, caapeba-verdadeira, malvaísco, é um arbusto de 1 a 2 m de altura, de ramos estriados e com pêlos, folhas ovaladas, arredondadas ou em forma de rim, com flores miúdas, distribuídas em espigas que chegam a 10 cm de comprimento. Suas folhas podem ser usadas refogadas.

Pau-doce (*Pradosia lactescens*): Seu tronco fornece látex potável, abundante e doce.

Pera-do-cerrado (*Eugenia klotzchiana* Berg): É um arbusto de 80 a 100 cm de altura, com frutos amarelos de 6 a 10 cm de comprimento, com polpa branca que pode ser consumida ao natural ou cozida.

Perinha (*Eugenia lutescens* Camb): Arbusto de 80 a 100 cm de altura, com frutos amarelos, esféricos, de 2 a 4 cm de diâmetro, com polpa amarela que pode ser consumida ao natural ou cozida.

Piqui (*Caryocar coriaceum*): Também chamado pequi, é uma árvore de tronco grosso, com 12 a 15 m de altura, frutos esverdeados, de 6 a 14 cm de diâmetro, arredondados, de polpa amarela, que pode ser consumida ao natural, cozida aderida ao caroço com cereais ou assada. Sua castanha pode ser consumida ao natural ou cozida.

Samambaia (*Pteridium ajuilinum*): Também chamada feio, pluma-grande, samambaia-das-taperas, samambaia-dura, samambaia-verdadeira, é uma planta de folhas duras e longas, com numerosos esporos amarelos (quando maduros) e raízes escamosas. Seus brotos novos podem ser consumidos picados e aferventados por, no mínimo, 5 vezes, até perder o gosto amargo dos seus princípios tóxicos.

Serralha (*Sochus oleraceus*): Também chamada chicória-brava, serralha-lisa, ciúmo, serralheira, serralha-branca, é uma planta leitosa, de folhas simples e recortadas e de flores amarelas. Suas folhas novas podem ser consumidas ao natural ou refogadas.

Serralhinha (*Emilia* sp.): Também chamada serralha, bela-emília, pincel,

pincel-de-estudante, brocha, é uma planta de pequeno porte, folhas grandes, trianguladas na base, flores minúsculas, lilases, formando delicados pincéis. Seus frutos, minúsculos, têm no ápice uma paina que facilita sua propagação. Suas folhas podem ser consumidas ao natural ou refogadas.

Taboa (*Typha angustifolia* Aubl): Também chamada paina, é uma planta do brejo, com folhas semelhantes ao capim, flores minúsculas, agrupadas em forma de um bastão marrom, que invade lagos e barragens, transformando-os em pântanos. A parte interna e macia dos seus brotos substitui o palmito depois de cozida, e seus rizomas têm sabor agradável, são grandes e carnosos.

Tanchagem (*Plantago* sp.): Também chamada língua-de-vaca, plantagem ou transagem, é uma planta perene, de raízes curtas e fibrosas, folhas de formato variado, agrupadas na base e com nervuras bem marcadas, com ou sem pêlos. Suas flores são pequenas, verde-acastanhadas, agrupadas em espigas longas, e seus frutos são pequenos, com sementes escuras e achatadas. As folhas são usadas como as da couve.

Tiririca-amarela (*Cyperus esculentus* L.): Também chamada amêndoa-da-terra, capim-coco, junca, tiririca-de-batata, chufa, é uma erva de 50 a 60 cm de altura, folhas verde-claras, alongadas, estreitas, com bainhas claras e bordas ásperas. Suas flores são minúsculas, amarelas, agrupadas no ápice dos ramos. Suas raízes são densas e terminam em tubérculos ovalados, rugosos e pardos, que podem ser consumidos frescos, secos ou torrados, e seus grãos, como café.

Trapoeraba (*Commelina pohliana*): Também chamada trapoeraba-azul, trapoerabana, marianinha, capim-gomoso, grama-da-terra, grama-do-maranhão, maria-mole, andacá, erva-de-santa-luzia, é uma planta perene, rasteira, de caule suculento, com folhas alternadas em forma de lança e flores róseas ou azuladas, agrupadas no ápice dos ramos. As folhas e caules podem ser consumidos ao natural ou refogados.

Trevo (*Oxalis* sp.): Também chamado azeda, azedo-de-jardim, azedinha, caruru-de-sapo, pé-de-pombo, três-corações, trevo-azedo, é uma planta perene, de caule pouco desenvolvido e folhas compostas de 3 folíolos em forma de coração. Suas flores são amarelas ou róseas, e seus frutos, em forma de cápsula, alongados, com sementes pequenas e numerosas. As folhas podem ser consumidas ao natural ou refogadas.

Vinagreira (*Hibiscus sabdariffa* L.): Também chamada azedinha, caruru-azedo, caruru-da-guiné, groselha, roseta, é um arbusto que chega a 3 m de altura, de caule e folhas avermelhados; tem na base folhas inteiras e ovaladas e, no topo, folhas com lóbulos profundos. Suas flores têm cor amarelada, rósea ou púrpura, e o cálice é duro, vermelho, com segmento terminado em pontas agudas. Fazendo-se nele um corte transversal, vêem-se frutos dispostos como no quiabo. Esses frutos podem ser consumidos ao natural ou cozidos.

Lembrete sobre higiene

Se possível, ter recipientes separados para o lixo orgânico (restos de alimentos), para o inorgânico aproveitável (latas e vidros) e para os plásticos, papéis, etc. O lixo orgânico pode ser usado na preparação de composto para adubação do solo. O lixo inaproveitável pode ser enterrado ou incinerado e sua remoção deve ser feita, se possível, duas vezes ao dia. Os papéis podem ser queimados e as cinzas podem ser jogadas nos dejetos.

Como medida de higiene, recomenda-se construir privadas higiênicas longe da casa e da água potável e usar cal queimada, para evitar proliferação de microorganismos.

ANIMAIS QUE CAUSAM DOENÇAS

ANIMAIS QUE CAUSAM INTOXICAÇÃO E ENVENENAMENTO

Peçonha é a secreção venenosa de alguns animais, produzida para defender-se ou para capturar outros animais.

Espécies diferentes produzem peçonhas diferentes, e cada uma delas tem sua forma de ação. Portanto, os sintomas de intoxicação por peçonha variam de acordo com o animal cuja picada a provocou.

Certos fatores, como idade da pessoa atacada, hipersensibilidade, local da picada (próxima ou distante do coração ou do sistema nervoso central), quantidade de veneno inoculado, e outros, podem interferir na neutralização do veneno circulante.

Para o diagnóstico de intoxicação por picadas de animais, leva-se em conta tanto os sintomas do acidentado quanto os sinais circunstanciais que auxiliem a identificar o animal agressor.

Serpentes

A grande maioria das cobras vive no chão e prefere lugares quentes, úmidos e escuros. Sua temperatura varia de acordo com o ambiente em que ela está. Assim, todas as cobras protegem-se da perda de calor e umidade em buracos de tatu, cupinzeiros, camadas de folhas secas, vãos de pedras, cavidades de tronco e sombreado de árvores.

A maior parte das cobras alimenta-se de roedores, como ratos, camundongos, mocós, preás, etc. Plantações, criações e acúmulo de lixos fornecem alimentos para os roedores e favoreçam sua proliferação. As cobras são, então, atraídas para os lugares onde eles se encontram.

No período de 1986 a 1990, no estado de São Paulo ocorreram cerca de 2.175 acidentes ofídicos por ano. Os acidentes aconteceram principalmente nos meses mais quentes (de novembro a abril), no período diurno e na roça. As vítimas mais freqüentes foram os trabalhadores agrícolas. A mortalidade por esse tipo de acidente foi de 0,4% e, na maioria dos casos, devido a picada de cascavel.

Os sítios anatômicos mais atingidos foram os pés e os tornozelos (52%), as pernas (16,6%) e as mãos (15,9%), o que justifica plenamente a medida profilática recomendada do uso de luvas e botas de cano longo no trabalho de campo.

Ressalte-se que a identificação da serpente causadora do acidente (aproximadamente 40% dos pacientes trazem o ofídio) permite a utilização do soro específico e, conseqüentemente, recuperação mais rápida.

Cobras venenosas e não-venenosas

Venenosas

Cabeça achatada, triangular, bem destacada do corpo, coberta de escamas semelhantes às do corpo.

Olhos pequenos, com pupila em fenda vertical. Em geral apresentam fosseta loreal (lacrimal: buraco entre o olho e a narina) em cada lado da cabeça.

Não-venenosas

Cabeça estreita, arredondada, alongada, maldestacada do corpo, com placas poligonais em vez de escamas.

Olhos grandes, com pupila circular. Não apresentam fosseta lacrimal.

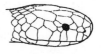

Venenosas

Escamas na parte superior do corpo, sem brilho, alongadas, pontudas, imbicadas, ásperas. Caudas geralmente curtas, que afinam bruscamente.

Quando perseguidas, tomam atitudes de ataque, enrodilhando-se. Hábitos predominantemente noturnos; movimentos vagarosos.

Não-venenosas

Escamas situadas na parte superior do corpo, grandes, brilhantes, achatadas, sem carena, lisas, escorregadias ao tato. Cauda longa, afinando gradualmente.

Fogem quando perseguidas; movimentam-se com rapidez. Hábitos predominantemente diurnos.

As cobras venenosas têm dentes inoculadores de veneno:

- ♦ As do gênero Bothrops (jararaca, jaracuçu, urutu, cotiara, caiçara, cruzeira, jararaca-do-rabo-branco, surucucurana), as do Crotalus (cascavel, boicininga, maracabóia, maracambóia, combóia) e as do Lachesis (pico-de-jaca, surucutinga, surucucu-pico-de-jaca, surucucu-de-fogo) têm dentes inoculadores de veneno grandes, pontiagudos, móveis e ocos. Quando a cobra está em repouso, esses dentes permanecem deitados, recobertos por membranas.

- ♦ As do gênero Micrurus (coral, boicorá) têm dentes inoculadores de veneno pequenos e fixos no maxilar superior, na frente da boca.

Em cada gênero, há diferenciações na cauda e nas escamas do corpo:
Bothrops — cauda lisa sem qualquer diferenciação. *Crotalus* — cauda com guizo ou chocalho. *Lachesis* — cauda com escamas arrepiadas.

Micrurus — escamas em anéis pretos, vermelhos e brancos.

Serpentes do gênero Bothrops

Entre as serpentes desse gênero encontram-se: jararaca, jaracuçu, urutu, cotiara, caiçara, cruzeira, jararaca-do-rabo-branco, surucucurana.

Apresentam cores e desenhos diferentes pelo corpo, indo do verde ao negro.

Adultas, podem medir de 40 cm a 2 m. Seu bote chega a 1/3 do comprimento do corpo. São consideradas as mais agressivas, atacam em silêncio quando ameaçadas.

Preferem lugares úmidos, mas têm hábitos variados.

Ocorrem em todo o território nacional; são responsáveis por 86% dos acidentes ofídicos no país.

O veneno desse tipo de serpente provoca alterações orgânicas no corpo do acidentado:

- tempo de coagulação prolongado por interferência nos fatores de coagulação, hemorragias (uma soroterapia adequada susta a hemorragia num período de 6 a 12 horas);
- lesões nos tecidos: inchaço (edema), bolhas.

Sintomas

- Dor imediata, de intensidade variável, que pode ser o único sintoma.
- Nas seis primeiras horas, surgem inchaço duro (edema endurado), calor e rubor.

- Nas 12 horas subseqüentes à picada, surgem bolhas, manchas arroxeadas, apodrecimento do tecido, diminuição ou ausência de urina.
- Nos casos mais graves, além dos sintomas acima, ainda podem ocorrer vômitos, transpiração, baixa temperatura, hemorragias, choque[*], insuficiência renal aguda e ausência de coagulação do sangue.

Observações

- Num mal prognóstico, realizar a profilaxia do tétano.
- Não se recomenda nenhum procedimento no lugar da picada, como ranhurar a pele, "chupar", garrotear, colocar substâncias, etc. Além de não surtirem efeitos benéficos, tais medidas podem levar a complicações locais, como abscessos e necroses.
- Picadas em crianças manifestam alterações locais mais severas, e em gestantes há risco de hemorragia uterina.
- As serpentes adultas provocam acidentes mais graves do que os filhotes.

Serpentes do gênero *Crotalus*

Entre as serpentes desse gênero encontram-se: cascavel, boicininga, maracabóia, maracambóia, combóia.

Adultas, podem medir até 1,6 m. Seu bote chega a 1/3 do comprimento do corpo.

Não têm por hábito atacar e, quando excitadas, denunciam a sua presença pelo ruído característico do guizo ou chocalho.

Preferem lugares secos e pedregosos. Ocorrem nas regiões Sul e Centro-Oeste; são responsáveis por 12,9% dos acidentes ofídicos no país.

Sintomas

- As alterações no local da picada se resumem a um formigamento ou um discreto edema ao redor do ponto de inoculação do veneno, ou são inexistentes.

---

[*] *Choque*: depressão profunda do organismo, com baixa pressão sangüínea, falta de reação dos centros nervosos, deficiência de oxigênio nos órgãos, etc.

- Náuseas, mal-estar geral, transpiração ou secura na boca podem aparecer logo, mas geralmente costumam surgir nas duas primeiras horas, aparentemente de maneira espontânea.
- Dificuldade em abrir e movimentar os olhos, com perturbação visual (visão dupla e vista turva).
- Testa franzida, com pálpebras caídas, dando a impressão de "cara de bêbado".
- Dor muscular.
- A dor local pode estar ausente, mas pode surgir uma sensação de adormecimento do membro picado.
- Nos casos mais graves, há dificuldade de deglutição e insuficiência respiratória aguda ou até paralisia dos músculos respiratórios.
- Urina avermelhada, e mais tarde com escurecimento.
- Diminuição ou ausência de urina. A principal causa de mortalidade nesses acidentes é a insuficiência renal aguda não tratada.

Serpentes do gênero Lachesis

Entre as serpentes desse gênero encontram-se: pico-de-jaca, surucutinga, surucucu-pico-de-jaca, surucucu-de-fogo. Preferem áreas de florestas tropicais (ocorrem na Amazônia e na Zona da Mata Nordestina); são responsáveis por 3% dos acidentes ofídicos no país.

São as maiores serpentes peçonhentas da América do Sul; adultas, podem medir até 4,5 m. Seu bote chega a mais de 1/3 do comprimento do corpo.

Sintomas

- Os mesmos das picadas de serpentes do gênero Bothrops.

Pode haver também:

- diminuição dos batimentos cardíacos;
- diarréia;
- pressão baixa;
- choque.

Serpentes do gênero Micrurus

Entre as serpentes desse gênero encontram-se: coral-verdadeira e boicorá.
Têm hábitos subterrâneos e permanecem em tocas.
Preferem caçar à noite. Só atacam quando muito estimuladas, pois não são agressivas.

Ocorrem em todo o território nacional; são responsáveis por 1,1% dos acidentes ofídicos no país. Os sintomas aparecem rapidamente, em minutos.

Todos os casos de acidente por coral que apresentem sintomas de envenenamento devem ser considerados como potencialmente graves.

Sintomas

- Predominam as manifestações gerais e neurotóxicas: vômitos, fraqueza muscular, dor muscular, dificuldade de deglutição e mal-estar intenso, com torpor e paralisia.
- Localmente, leve dor e/ou formigamento (parestesia).
- Dificuldade em abrir e movimentar os olhos, com perturbação visual (visão dupla e turva).
- Testa franzida, com pálpebras caídas, dando a impressão de "cara de bêbado".
- Cansaço, falta de ar, com dificuldades de engolir e de articular palavras; em casos graves, pode-se chegar a insuficiência respiratória aguda, apnéa (parada da respiração) e óbito.

Conduta geral de socorro

- Manter a calma e procurar identificar e capturar o animal agressor, se possível, porém sem perder tempo se a busca for difícil.
- Colocar a pessoa deitada, à sombra, em repouso absoluto, e procurar mantê-la o mais calma possível. A locomoção facilita a absorção do veneno e, em caso de acidente por jararacas, os ferimentos se agravam.
- Manter o membro lesado num nível inferior ao do coração.

- Afrouxar a roupa da pessoa e retirar-lhe calçados, anéis, relógios, ou jóias, prevenindo assim complicações decorrentes de edemas.
- O lugar da picada deve ser cuidadosamente limpo com água e sabão.
- Nos primeiros minutos após a picada, extrair a maior quantidade possível de sangue, espremendo o ferimento.
- A remoção do acidentado para centros de tratamento deve ser efetuada no menor tempo possível.
- No Brasil, a maioria das cobras tem veneno forte, capaz de ocasionar gangrena na parte ofendida, daí ser contra-indicada a aplicação de torniquete.

Observações

- Não colocar na picada folhas, pó de café, terra, etc., como é habitual em certas regiões, pois podem provocar infecção.
- Não cortar o lugar da picada. Alguns venenos provocam sérias hemorragias, e os cortes com canivete e outros objetos não desinfetados podem favorecê-las e também o aparecimento de infecções.
- Evitar dar ao acidentado querosene, álcool, fumo ou algo semelhante para beber, como é habitual em certas regiões, pois isso, além de não ajudar, pode causar intoxicação.

Tratamento médico

- Se possível, o tratamento médico deve ser dado nas três primeiras horas após o acidente.
- Nas picadas de serpente do gênero Bothrops, usa-se soro antibotrófico (SAB) ou soro antibotrófico-crotálico (SABC), quando há incerteza sobre o gênero da serpente.
- Nas picadas de serpente do gênero Crotalus, usa-se soro anticrotálico (SAC) ou soro antibotrófico-crotálico (SABC), quando há incerteza sobre o gênero da serpente.
- Informe-se sobre o município mais próximo que possua soro disponível.

Medidas preventivas

- Andar calçado no campo. As botas de cano alto e as perneiras de couro evitam 80% dos acidentes; as botinas, 60%; os sapatos comuns, 50%.
- No campo, usar calças compridas grossas, luvas longas e camisas de manga comprida e, antes de calçar os sapatos, examiná-los bem, pois animais peçonhentos podem refugiar-se dentro deles.
- Observar onde coloca as mãos na horta e em colheitas no campo.
- Nunca usar a mão desprotegida para apanhar objetos em buracos, vãos de pedra, cavidades de troncos, ou qualquer outro lugar sem visibilidade; para isso usar um pedaço de madeira ou um instrumento adequado.
- Não segurar cobras com a mão, mesmo que estejam mortas.
- Manter limpas as áreas ao redor de casas, paiol, plantações, etc. e evitar entulhos, acúmulo de lixo, tijolos, telhas, madeiras, alimentos espalhados, bem como mato alto ao redor das casas, pois atraem e abrigam pequenos animais (ratos, por exemplo), que servem de alimento às serpentes.
- Tapar buracos de portas, janelas e muros.
- Vedar com tábua as soleiras de portas.
- Colocar telas em janelas.
- Manter fechadas as portas da casa e dos carros.
- Não sentar-se no solo nem encostar-se em barrancos sem examiná-los bem.
- Evitar andar à noite em vegetações rasteiras, gramados e até mesmo em jardins.
- Observar onde pisa, mesmo em rios e charcos.

Observações

- Os predadores naturais de serpentes devem ser protegidos: emas, seriemas, gaviões, gambás e a conhecida cobra muçurana, que se alimenta de cobras.
- Quando há desmatamentos e queimadas, tanto as cobras como outros animais fogem para lugares mais seguros e podem buscar proteção em casas, paióis, celeiros, etc. Nessas ocasiões, devem-se redobrar os cuidados. O mesmo ocorre em épocas de chuvas com inundações.

Aranhas

Entre as aranhas que vivem no chão, estão as que possuem peçonha nociva ao homem. O veneno é geralmente mais perigoso para as crianças do que para os adultos sadios.

No período de 1988 a 1990, no estado de São Paulo foram notificados 3.226 casos de acidentes por aranhas. Somente um óbito foi relatado (0,03%). Os acidentes ocorreram durante todos os meses do ano, com incidência predominante na área urbana e no período diurno.

Por habitarem em folhagens de bananeiras, em cachos de banana e abrigarem-se no interior de calçados, as aranhas comumente picam as mãos e os pés das pessoas.

Phoneutria (aranha armadeira)

Aranha muito agressiva, da hábitos vespertinos e noturnos. É encontrada em bananeiras, em outras folhagens e no interior de residências. Não faz teia.

Sintomas

- Dor intensa no lugar da picada; às vezes a dor é insuportável e pode irradiar-se até a raiz do membro picado.
- Em crianças podem ocorrer manifestações gerais como vômitos profusos, bradicardia*, hipotensão arterial, insuficiência cardíaca, arritmias cardíacas, choque, dificuldade de respiração (dispnéia), edema pulmonar agudo, convulsões, coma e parada cardiorrespiratória. Entretanto, os óbitos são raros.

Loxosceles (aranha marrom)

Aranha pouco agressiva, com hábitos noturnos. Encontra-se em pilhas de telhas, tijolos, beiras de barrancos e também nas residências. Teia irregular.

---

* *Bradicardia*: redução dos batimentos cardíacos para cerca de 60 por minutos.

Os acidentes por Loxosceles também ocorrem predominantemente em áreas urbanas, no período noturno, pois são aranhas que se abrigam em roupas e toalhas e picam principalmente coxas, troncos e braços quando comprimidas contra o corpo,. A busca de socorro aqui é mais tardia pelo surgimento lento dos sintomas.

Sintomas

- Na hora da picada, pouca dor, quase despercebida.
- Após 12 a 14 horas, dor no local, com inchaço, e áreas hemorrágicas que podem evoluir para úlcera de cicatrização difícil.
- Mal-estar geral.
- Náuseas.
- Às vezes febre.
- Pode causar necrose local.
- Em casos graves, urina da cor de coca-cola; a insuficiência renal aguda é a principal causa dos raros óbitos.

Lycosa (tarântula)

Aranha pouco agressiva, com hábitos diurnos. Encontra-se à beira de barrancos, em gramados e em residências. Não faz teia.

São acidentes comuns, porém destituídos de importância clínica. Não existem soros específicos.

Sintomas

- Pouca dor local, com possibilidade de evoluir para necrose local.

Latrodectus (viúva-negra)

Somente as fêmeas são causadoras de acidentes; são de coloração vermelha e negra, com uma mancha vermelha no ventre em forma de relógio de areia.

Têm hábitos diurnos. Habitam em casas de zona rural, plantações, entulhos em beira de praia, etc. Teia irregular suspensa entre a vegetação.

Sintomas

- Dor imediata e intensa, que pode irradiar-se pelas regiões vizinhas à picada.
- Contraturas musculares (repuxos) e de coluna.
- Rigidez da parede do abdômen.
- Contratura das mandíbulas.
- Olhos avermelhados.
- Transpiração por todo o corpo.
- Expressão de sofrimento.
- Estado de choque.

Conduta geral de socorro

- As mesmas indicadas para as picadas de serpentes.
- Em picada de aranha armadeira, a imersão da região atingida em água morna ou a aplicação de compressas quentes podem aliviar a dor. Há soroterapia para intoxicações causadas por esse agente indicada nos casos mais graves.

Observações

- Intoxicações causadas por aranhas são tratadas com antialérgicos (anti-histamínicos) e analgésicos, pois só há indicação soroterápica para raros casos.

Escorpiões

Os escorpiões são pouco agressivos e têm hábitos noturnos.

Encontram-se em pilhas de madeira, cercas, cupinzeiros, sob pedras, e adaptam-se ao ambiente doméstico.

Os principais escorpiões venenosos no Brasil são:

- o escorpião preto (*Tityus bahiensis*)
- o amarelo (*Tityus serrulatus*)

escorpião preto
(*Tityus bahiensis*)

escorpião amarelo
(*Tityus serrulatus*)

A picada de escorpião leva à morte se não for tratada a tempo e se a pessoa agredida for criança ou estiver debilitada.

No período de 1988 a 1990, no estado de São Paulo foram notificados 2.336 acidentes por picada de escorpiões. As regiões do corpo mais atingidas são os pés e as mãos. A intensa dor leva os pacientes ao socorro médico nas primeiras horas. A letalidade foi de 0,3%, com 7 óbitos no período levantado.

Os acidentes são mais graves em crianças e idosos.

Sintomas

- Dor no lugar da picada, que logo fica vermelho e com edema.
- A dor se espalha rapidamente pelas regiões vizinhas ao lugar da picada.
- Podem aparecer sintomas imediatos, como vômitos, diarréia, dor no estômago e vontade de urinar a todo instante.
- As manifestações neurológicas aparecem imediatamente após a picada: dor de cabeça, tontura, agitação ou depressão, confusão mental, convulsões e coma.
- Manifestações cardiorrespiratórias também podem ocorrer (arritmia, insuficiência cardíaca, edema pulmonar e outras).

Observações

- Suspeitar de escorpionismo diante desses sintomas, mesmo na ausência de história de picada ou de contato com escorpião.
- O eletrocardiograma pode revelar arritmias, alterações semelhantes às do infarto agudo do miocárdio. As alterações costumam desaparecer em alguns dias.

Conduta de socorro

- As mesmas indicadas para picadas de serpentes; acrescente-se, porém, que compressas frias amenizam a dor causada pela picada.

Medidas preventivas contra acidentes por aranhas e escorpiões

- Manter jardins e quintais limpos. Evitar o acúmulo de entulhos, lixo doméstico e material de construção nas proximidades das casas.
- Evitar folhagens densas (trepadeiras, bananeiras e outras) perto das casas; manter a grama aparada.
- Limpar periodicamente os terrenos baldios vizinhos, pelo menos numa faixa de um a dois metros das casas.
- Em zonas rurais e casas de campo, sacudir as roupas e os sapatos antes do uso, pois as aranhas e os escorpiões têm o hábito de neles se abrigarem e picam ao serem espremidos contra o corpo.
- Não colocar a mão em buracos ou embaixo de pedras ou troncos podres; é comum a presença de escorpiões sob dormentes da linha férrea.
- O uso de calçados e de luvas de raspas de couro pode evitar o acidente.
- Como muitos desses animais apresentam hábitos noturnos, a entrada deles nas casas pode ser evitada vedando as soleiras das portas e fechando as janelas quando começar a escurecer.
- O emprego de inseticidas não é aconselhável, devido a sua pequena eficácia contra esses animais.

Centopéia ou lacraia

As lacraias ou centopéias vivem no solo, em buracos, montes de pedras, tijolos, telhas ou casas velhas.

Sintomas

- Reações locais, com dor de intensidade variável.
- Vermelhidão e edema.

- Bolhas como as de queimaduras.
- Podem ainda provocar dores de cabeça, tonturas e vômito.

Conduta de socorro

- Lavar o lugar da picada com água fria corrente, secá-lo e protegê-lo com uma bandagem.
- Em caso de picadas de lacraias maiores de 15 cm, encaminhar a pessoa, com urgência, para atendimento médico, pois o acidente pode resultar em distúrbios graves ou mesmo em morte.

Abelhas e marimbondos

A picada desses insetos geralmente não causa problemas, mas pode tornar-se perigosa quando a pessoa atacada desenvolve reação alérgica, ou quando é atacada por um enxame ou, ainda, quando a picada se localizar em pontos vulneráveis, como rosto, pálpebra, língua, pescoço, etc.

Abelha

Marimbondo

Sintomas

- Dor intensa no local.
- Inchação.
- Vermelhidão.
- Em casos graves, a pessoa pode apresentar dificuldade respiratória e chegar à asfixia e até ao estado de choque.

Conduta de socorro

- Retirar o ferrão deixado na pessoa com lâmina ou agulha (não usar pinça ou tesoura de ponta fina para não espremer o ferrão e aumentar a quantidade de toxina no sangue do paciente).
- Extrair o veneno espremendo o local da picada.

- Aplicar compressas frias ou de álcool com gotas de amônia e saco de gelo.
- Procurar um médico, se necessário.
- Estar atento para a ocorrência de sinais de reação alérgica grave, como: aparecimento de manchas vermelhas no corpo, tontura, vômitos, etc. Nesses casos, a pessoa deve ser prontamente encaminhada a um hospital.
- *Atenção*: esse tipo de intoxicação é tratado com antialérgicos e analgésicos, pois não há indicação soroterápica específica.

Medusas e águas-vivas marinhas

A gravidade da intoxicação dependerá da espécie do agressor, da extensão da lesão, de sua localização e das condições físicas da pessoa intoxicada. Os tentáculos podem estar afastados do corpo das medusas mais de 1 metro e esses animais marinhos são perigosos mesmo depois de mortos. Sua manipulação deve ser sempre cuidadosa.

Medusa

Água-viva

Sintomas

- Dor intensa.
- Vermelhidão.
- Inchação.
- Coceira.

- Náusea e vômito.
- Câimbra.
- Dificuldade respiratória.
- Parada cardíaca e morte.

Conduta de socorro

- Retirar imediatamente a pessoa da água.
- Não esfregar o local afetado.

- Derramar álcool (de preferência metanol, álcool metílico) sobre a região afetada, ou aplicar compressas de álcool com gotas de amônia, a fim de que os tentáculos (espinhos) aderentes à pele se retraiam, o que facilita a sua remoção com pinça.
- Administrar uma medicação contra a dor e um antialérgico, se necessário.
- Em caso de parada respiratória, iniciar a respiração de socorro (boca-a-boca).
- Em caso de parada cardíaca (ausência de pulso, dilatação das pupilas), executar a massagem cardíaca externa, associada à respiração boca-a-boca.
- Remover imediatamente a pessoa para o hospital mais próximo.

Arraias marinhas

A arraia é um peixe com cauda três a quatro vezes mais longa que o corpo, com ferrão na base. Há várias espécies, algumas encontradas em água doce e outras em água salgada, todas perigosas.

Sintomas

- Dor intensa.
- Náusea e vômito.
- Câimbra.
- Dificuldade respiratória.
- Choque.

Conduta de socorro

- Retirar imediatamente a pessoa da água.
- Lavar o ferimento com soro fisiológico.
- Remover da ferida fragmentos da bainha membranosa do animal.
- Manter o ferimento em água quente por meia hora, cobri-lo e elevar o membro atingido.
- Em caso de sutura, drenar continuamente a lesão.
- Usar analgésico, se necessário, bem como antibióticos para prevenir uma possível infecção.
- Dependendo da gravidade do caso, remover imediatamente a pessoa para o hospital mais próximo.

Ouriço-do-mar

O ouriço-do-mar tem espinhos móveis em sua superfície e pés longos, com ventosas. Vive em locas nas falésias e rochas marinhas. Seus espinhos são incrustados de matéria orgânica e de microrganismos marinhos; assim, ao perfurarem a pele humana, causam infecções às vezes agudas. Deve-se evitar tocá-los e, como prevenção de acidentes, usar sempre sandálias ao caminhar à beira-mar.

Sintomas

- Dor intensa.
- Vermelhidão.
- Inchação.
- Coceira.
- Náusea e vômito.

Conduta de socorro

- Remover os espinhos com pinça.
- Lavar o ferimento com água doce ou com soro fisiológico.
- Cobrir a região com gaze esterilizada.

ANIMAIS QUE TRANSMITEM DOENÇAS

Ratos

Os ratos são responsáveis pelo consumo ou inutilização de 20% dos alimentos produzidos no mundo. Além disso, transmitem doenças pela sua urina e causam febre com sua mordida.

Sua proliferação é espantosa: o período de gestação da ratazana é de

22 dias. Um casal e seus descendentes podem perfazer um total de 63 mil ratos em um ano.

Isso mostra a necessidade de apoio aos programas sanitários de desratização.

Leptospirose

Também conhecida como "febre dos pântanos", é causada pela bactéria *Leptospira*. Quando um animal é contagiado, passa a eliminar essa bactéria pela urina durante todo o tempo. Os ratos a contraem, mas não sofrem a doença e, assim, tornam-se portadores dela pelo resto da vida.

A bactéria sobrevive em lugares úmidos: lama, água, margem de córregos, etc. Nas enchentes a água desloca os ratos e, contaminada, levará a doença ao homem.

A contaminação é mais freqüente no verão e no começo do outono; ocorre por meio de cortes e arranhaduras na pele ou pela mucosa oral e nasal. Alimentos ou medicamentos contaminados podem transmitir a bactéria pela ingestão. O período de incubação da bactéria varia de 1 a 20 dias, porém normalmente a doença se manifesta do 8.º ao 10.º dia após o contágio, e dura de 4 a 10 dias. O ser humano doente não transmite leptospirose.

Sintomas

Os sintomas da doença são variados. No início costumam aparecer:
- dores de cabeça;
- calafrios;
- febre alta;
- debilidade física;
- dores musculares, principalmente nas pernas, abdômen e tórax.

Em fase mais avançada aparecem:
- vômitos, náuseas e falta de apetite;
- urina escura e eliminação de sangue nas fezes;
- hemorragia nasal;
- córnea, mucosas e peles amareladas;
- fotofobia e conjuntivite;
- disfunção renal;
- fígado doloroso à palpação.

Os sintomas desaparecem em torno de 3 semanas, e são mais graves nos adultos.

Observações

- Pode haver confusão diagnóstica da leptospirose com gripe, hepatite viral ou meningite. O diagnóstico é confirmado por exames de sangue e urina (culturas e testes no soro).
- O tratamento hospitalar é urgente. Alguns pacientes podem ir a óbito por complicações hepáticas, renais ou do sistema nervoso.
- Notificar casos da doença às autoridades sanitárias.

Medidas preventivas

Não há vacinas.

As medidas preventivas para reduzir a probabilidade de contágio ou epidemia concentram-se em cuidados com o meio ambiente:

- combater roedores (ratos);
- beber água fervida;
- usar botas e luvas de borracha para trabalhar com esgotos ou em locais de risco;
- evitar o contato com água ou lama de enchente;
- não consumir alimentos atingidos por enchentes;
- limpar e conservar limpos porões, terrenos baldios, quintais, margens de córregos e outros lugares habitados por ratos;
- fechar buracos em paredes;
- proteger caixas-d'água, mantendo-as bem fechadas e colocando "sainhas" nos canos, a fim de evitar que ratos entrem nelas;
- não acumular lixo, entulhos ou objetos inúteis próximos às casas;
- manter os gramados sempre aparados;
- acondicionar devidamente o lixo;
- não deixar vasilhas com alimentos de animais expostas durante a noite.

Após uma enchente devem-se tomar alguns cuidados adicionais:

- usando botas e luvas de borracha, remover a lama e desinfetar os recintos que estiveram em contato com água de enchente; para isso lavá-los com solução forte de cloro (1 copo de 300 ml de água sanitária para 10 litros de água);

- desinfetar a água de uso doméstico, limpando o reservatório da seguinte forma:
  - esvaziar a caixa-d'água, lavá-la, esfregando bem suas paredes e fundo;
  - enchê-la com água limpa;
  - adicionar 1 litro de água sanitária para cada 1.000 litros de água, ou 1 gota de cloro puro para cada litro de água da caixa;
  - aguardar 1 hora e esvaziar a caixa, utilizando essa água para desinfetar o chão e as paredes da casa;
  - encher a caixa novamente. Para utilizar a água após a desinfeção, filtrá-la e fervê-la durante 15 minutos.

Febre por mordida de rato

A bactéria causadora da febre (estreptobacilo) está presente na faringe de ratos sadios. A infecção ocorre em geral por mordida de rato ou camundongo selvagem.

O ferimento é de cicatrização fácil, mas após cerca de 10 ou mais dias podem manifestar-se:
- febre;
- vômitos;
- dor de cabeça (cefaléia);
- dores articulares e lombares;
- placas na pele, tipo urticária.

Raramente verifica-se complicação grave.

Para diagnóstico, recomenda-se, entre outros exames, cultura do sangue para isolamento do germe.

Cães e gatos

Raiva

A raiva é uma doença causada pelo Rhabdovirus, e pode ser contraída pelo contato com a saliva de animais doentes, por meio de mordidas.

É uma infecção grave. Quase sempre o vírus penetra o corpo pelo ferimento e, percorrendo os nervos, atinge o sistema nervoso central.

No animal a raiva tem um período de incubação que varia de 14 a 30 dias, e se manifesta por comportamento estranho, inquietude, agitação e excitação. O animal sente dores fortes ao engolir água, o que causa hidrofobia; fica violento ou às vezes amuado em um canto. Além desses sintomas, observam-se febre, perda de apetite e mudança no tom do latido do cão. Logo após a fase em que o animal se torna violento, surge a paralisia, primeiro nas patas traseiras e depois em todo o corpo. Geralmente a morte ocorre 10 dias após os primeiros sintomas.

No homem a raiva tem um período de incubação variável, a depender da distância que o vírus terá de percorrer do ferimento até o cérebro. Pode durar poucos dias ou até meses. Após instalada, a doença não tem cura e evolui rapidamente para a morte.

Sintomas e desenvolvimento da doença

De início surgem inquietação, mal-estar e febre; a seguir, salivação e espasmos musculares de laringe e faringe a qualquer tentativa de beber água (hidrofobia); depois, paralisia ascendente e encefalite.

A morte por paralisia ou asfixia ocorre hoje mais tardiamente pelos cuidados e suportes nas UTIs.

Conduta de socorro

- Se for constatada a doença no animal ou se ele fugir, inicia-se de imediato a vacinação da pessoa mordida e a administração de soro anti-rábico.
- A ferida deve ser limpa imediata e completamente com solução de sabão medicinal a 20%. Ferimentos profundos devem ser irrigados com água e sabão por meio de sonda (cateter).
- Não é recomendável cauterização ou sutura de ferimento.

Medidas preventivas

- Vacinação de cães. A vacinação de 70% da população canina restringe de forma eficiente a transmissão da doença.
- Captura de cães vadios para cuidados preventivos.

Observações
- Se um cão ou um gato aparentemente sadio morde um homem, o animal deve ser observado por médico veterinário durante 10 dias. Se permanecer sadio, descarta-se a doença. No caso de adoecer com a raiva, será sacrificado para testes laboratoriais.
- Animais selvagens: cangambás, quatis, raposas e morcegos são particularmente suspeitos.
- Coelhos e roedores raramente são infectados (consultar centros de saúde nestes casos).

Arranhadura por unha de gato

A arranhadura de gato costuma causar uma doença específica alguns dias após o ferimento. Manifesta-se como uma pústula (pequeno nódulo amarelado) ou crosta e, após duas semanas, podem surgir ínguas (linfadenopatia) na axila, na virilha, sob o queixo, etc.

Seus sintomas são: febre, mal-estar e dor de cabeça. A drenagem para saída de pus pode ser necessária.

A recuperação é espontânea entre 2 e 5 meses; pode ser abreviada com medicamento específico (tetraciclina).

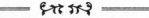

CRISES EPILÉPTICAS

A epilepsia é uma doença do sistema nervoso central caracterizada principalmente pela ocorrência de convulsões — contrações musculares involuntárias. Existem três tipos básicos, denominados *pequeno mal*, *grande mal* e *epilepsia parcial*.

- *Pequeno mal*: ocorrem crises de ausência (desligamento do meio ambiente), que podem ser breves (10 a 15 segundos) e passar despercebidas ou, às vezes, podem ser mais duradouras. Algumas crianças na idade escolar apresentam esse tipo de comportamento e são chamadas de desatentas.

- *Grande mal*: ocorrem crises marcadas pela perda súbita de consciência, seguida de convulsões generalizadas em todo o corpo, e aumento da atividade glandular, com salivação abundante e vômitos. Pode ainda ocorrer o relaxamento dos esfíncteres, com micção e evacuação involuntárias. Ao despertar, o doente não se recorda do que aconteceu durante a crise e sente-se muito cansado, indisposto e sonolento. É chamado estado de mal epiléptico quando ocorre uma sucessão ininterrupta de crises convulsivas sem recuperação da consciência, condição grave, que necessita de cuidados médicos de emergência.

- *Epilepsia parcial*: podem ocorrer crises convulsivas parciais, limitadas a algumas partes do corpo, em geral sem perda de consciência.

Conduta de socorro

- Mantenha-se calmo e deixe a pessoa onde ela está. Remova objetos próximos que possam machucá-la.
- Proteja-lhe a cabeça com algo macio (as próprias mãos, uma blusa,

uma bolsa, etc.) e desaperte as suas roupas, o colarinho e a gravata, se for necessário.

- Se as mandíbulas do paciente estiveram cerradas, ponha um pedaço de pano entre seus dentes posteriores, para evitar que morda a língua e as bochechas. Remova com cuidado próteses ou qualquer objeto que estiver em sua boca. Não tente abrir a boca do paciente durante uma convulsão mais forte, nem introduza os próprios dedos na boca do paciente.
- Não permita que o pano colocado para evitar a mordida deslize e obstrua as vias aéreas do paciente.
- Não reprima os movimentos convulsivos: eles são tão fortes que você pode lesar os músculos do paciente ao tentar contê-los; todavia, se necessário, faça uma leve contenção a fim de impedir que ele se machuque.
- Não o abandone durante a crise.
- Não lhe dê medicamentos ou líquidos por via oral durante a crise, nem lhe dê produtos químicos para cheirar.
- Após a crise, vire a cabeça do paciente para o lado, a fim de facilitar a drenagem da saliva.
- Dê apoio emocional ao paciente e tranquilize-o caso ele fique confuso após a crise. Espere que ele recobre a consciência, a menos que entre em sono profundo.
- Em caso de estado de mal epiléptico, remover o paciente imediatamente para um hospital.

Observação: Os familiares e amigos do epiléptico devem contribuir para seu tratamento e ajudá-lo a ter uma vida normal, sabendo porém que ele não poderá fazer determinadas atividades, como dirigir, pilotar ou mesmo permanecer desacompanhado próximo ao mar, à piscina, ao fogo, etc.

DESMAIO E
ESTADO DE CHOQUE

Desmaio

Consiste na perda momentânea da consciência devido à falta de oxigênio ou de glicose ou à diminuição de sangue circulante pelo cérebro.

Causas

- Fome.
- Cansaço.
- Excesso de sol.
- Má ventilação dos ambientes.
- Nervosismo.
- Emoção súbita.
- Problemas cardiovasculares.
- Doenças.

Observação: Os desmaios também podem acontecer quando uma pessoa está em determinada posição por muito tempo e muda bruscamente de posição, devido ao que se chama hipotensão postural.

Sinais e sintomas

- Palidez.
- Perturbação visual.
- Transpiração abundante.
- Tonteira.
- Pulso fraco.

Conduta de socorro

Na iminência de um desmaio

- Ao perceber que uma pessoa vai desmaiar, baixar imediatamente a sua cabeça ou sentá-la em uma cadeira, inclinar-lhe o corpo para frente, colocando a cabeça entre as pernas de modo que fique mais baixa que os joelhos, e pedir-lhe que respire profundamente.
- Outra alternativa é, estando a pessoa sentada e com a cabeça entre as pernas, segurar firme a sua cabeça e pedir-lhe que force o corpo para cima por alguns instantes. Em seguida, relaxar a pressão e pedir-lhe que respire profundamente.

Num desmaio consumado

- Verificar os sinais vitais (pulso e respiração) da pessoa.
- Desobstruir-lhe as vias respiratórias. Para isso, retirar da sua boca resíduos de vômito, de sangue ou de alimentos, com os dedos, se possível envoltos em um pano limpo.
- Se necessário, iniciar o processo de reanimação cardiorrespiratória.
- Afastar os curiosos e arejar o ambiente.
- Se a pessoa não chegar a perder totalmente a consciência, sentá-la com a cabeça entre as pernas e tranqüilizá-la.
- Se estiver inconsciente, deitá-la com a cabeça mais baixa que o restante do corpo e desapertar-lhe as roupas.

- Se o quadro de inconsciência persistir, procurar um médico ou transportar a pessoa para um hospital.

Estado de choque

É um quadro grave, de aparecimento rápido e súbito, causado por colapso do sistema circulatório. Como é o sangue que leva nutrientes e oxigênio para todos os tecidos do corpo, qualquer diminuição do fluxo de sangue (isquemia) desestabiliza esse abastecimento e pode levar as células ao sofrimento e à morte.

Causas

- Hemorragias agudas e intensas (internas ou externas).
- Choque elétrico.
- Ferimentos graves.
- Fraturas.
- Envenenamentos.
- Emoções violentas.
- Distúrbios circulatórios.
- Dor aguda.
- Infecção grave.
- Exposição a extremos de calor ou de frio, entre outras causas.

Sinais e sintomas

- Pele fria e pegajosa.
- Transpiração abundante, principalmente na testa e nas palmas das mãos.
- Face pálida, com expressão de sofrimento.
- Sensação de frio, chegando, às vezes, a tremores.
- Náusea e vômito.
- Respiração curta, rápida e irregular.
- Perturbação visual.
- Pulso rápido e fraco.
- Inconsciência total ou parcial.

Conduta de socorro

- Constatado o estado do choque, realizar uma inspeção rápida na pessoa socorrida, procurando identificar a causa dele.

- Se possível, combater, evitar ou contornar a causa do estado de choque (controlar a hemorragia, por exemplo).
- Manter a pessoa deitada, e, caso não haja fraturas, posicioná-la com as extremidades (braços e pernas) elevadas, para que o organismo concentre o fluxo do sangue na irrigação do coração, cérebro e pulmões.
- Afrouxar as roupas do paciente.
- Retirar da sua boca qualquer secreção, dentadura, goma de mascar ou outro objeto.
- Em parada cardiorrespiratória, iniciar imediatamente a reanimação de socorro.
- Caso ocorra vômito, virar a cabeça da pessoa para o lado.
- Não dar-lhe líquidos.
- Manter o paciente aquecido, com cobertores ou outro recurso disponível.
- Removê-lo imediatamente para o hospital mais próximo.

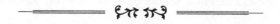

EMERGÊNCIAS PEDIÁTRICAS

São situações em que as crianças se encontram em risco de vida e devem ser prontamente socorridas. Por se tratar de organismos mais vulneráveis, é necessário maior agilidade no socorro.

Foram selecionados os seguintes itens, por sua importância e freqüência:

- intoxicação e envenenamento;
- queimaduras;
- aspiração de corpo estranho;
- politraumatismo.

Intoxicação e envenenamento

Mais de 80% das intoxicações e envenenamentos em crianças acontecem por ingestão. Também podem-se dar por inalação de fumaça e gases e por contato da pele com material contaminado. Como o corpo da criança é reduzido em relação ao do adulto, a quantidade de substância tóxica necessária para intoxicá-la é proporcionalmente menor.

Conduta de socorro em intoxicação por ingestão

1. Induzir o vômito, utilizando algum dos seguintes métodos:
- Ingestão de Xarope de Ipeca[*] — Para crianças de 6 meses a 1 ano, dar ½ colher de sopa (7,5 ml) e, depois de 5 minutos, 1 copo d'água. Para crianças maiores de 1 ano, dar 1 colher de sopa

---

[*] *Fórmula do Xarope de Ipeca*: extrato de ipeca, 7 ml; glicerina, 10 ml; xarope simples, q.s.p. 100 ml.

(15 ml) e, depois de 5 minutos, 1 copo d'água. Em ambos os casos, se a criança não vomitar depois de 20 minutos, a dose pode ser repetida, porém apenas uma vez mais.

♦ Excitação da faringe — Introduzir na parte posterior da garganta da criança um objeto envolto em pano limpo (dedo, colher, etc.) e massagear levemente essa área. A excitação da faringe é considerada um método pouco eficaz. Pode ser, entretanto, combinada com ingestão de: 1 copo de água de sabão, ou 1 copo de água com 1 clara de ovo, ou ainda 1 copo de água com 3 colheres de chá de detergente fraco (para lavagem de pratos), por exemplo.

2. Outra providência possível: dissolver 10 a 20 g de carvão ativado em 1 copo de água adoçada e dar de beber à criança. O carvão utilizado deve ser de preparo recente. Esse método de neutralizar alguns tóxicos é eficaz se aplicado na primeira hora após a ingestão da substância tóxica. Não deve ser usado quando a criança já tomou Xarope de Ipeca ou quando pode ser levada rapidamente a um hospital, pois o carvão poderá prejudicar a lavagem gástrica.
3. Remover a criança imediatamente para um hospital.
4. Praticar reanimação cardiorrespiratória no trajeto, se necessário (ver item *reanimação cardiorrespiratória*).

Observações

A indução de vômito é contra-indicada nos seguintes casos:
♦ redução do nível de consciência (sonolência, desfalecimento, coma, etc.);
♦ ingestão de cáusticos (corrosivos como soda cáustica, água sanitária, ácidos, etc.);
♦ ingestão de derivados de petróleo (gasolina, querosene, etc.);
♦ ingestão de objetos sólidos e afiados (vidros, agulhas, etc.);
♦ ingestão de substâncias capazes de produzir sintomas neurológicos rápidos e significativos (cânfora e certos antidepressivos);
♦ em crianças menores de 6 meses, pelo risco de aspiração pelos pulmões;
♦ em crianças portadoras de doenças graves.

É importante encontrar o material suspeito de ter causado a intoxicação (medicamentos ao alcance da criança, resíduos em copos, embalagens abertas) e descobrir, por meio da bula de medicamentos ou dos rótulos de produtos, que princípio tóxico foi ingerido. Também é importante tentar determinar a quantidade aproximada ingerida. Essas informações orientarão a escolha do antídoto e o tratamento a ser aplicado.

Nas grandes cidades há um médico de plantão para informar, por telefone, procedimentos de emergências toxicológicas; o número do telefone pode ser encontrado em catálogos telefônicos, na seção de emergências.

Queimaduras

A gravidade de uma queimadura é determinada pela sua extensão, profundidade, localização e pela idade da criança; quanto mais jovem, mais grave o prognóstico.

Para o cálculo da extensão da queimadura (porcentagem da área do corpo atingida) usa-se a regra dos nove, com variações:

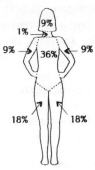

Criança (até 10 anos de idade)   Adulto

Exemplo de cálculo da superfície corporal queimada aplicado a criança de 6 anos

Em relação à profundidade, as queimaduras podem ser:

- de 1.º grau — apenas a epiderme é atingida, há vermelhidão, dor e calor local e inchação discreta;
- de 2.º grau — a epiderme e parte da derme são atingidas, há edema mais pronunciado e formação de bolhas, e cicatrizam-se no período de 15 a 25 dias;
- de 3.º grau — ocorre a destruição de toda a espessura da pele e, eventualmente, de tecidos mais profundos, com ausência de dor. A área queimada toma aspecto branco-aperolado ou enegrecido.

São julgadas graves as queimaduras que:

- atingem face, mãos, pés e órgãos genitais;
- tenham extensão superior a 10% da área corporal;
- as de 3.º grau com extensão superior a 2% da área corporal.

Observação: Crianças queimadas gravemente ou cuja condição sócio-econômica seja desfavorável, impedindo-a de receber tratamento domiciliar adequado, devem ser hospitalizadas.

Conduta de socorro

Queimaduras causadas por material superaquecido
(água fervente, alimentos em cozimento, etc.)

- Se o material cair nas extremidades do corpo da criança: imergi-las em água com gelo, ou mantê-las sob água corrente até que a região seja esfriada e haja alívio da dor maior.
- Se o material cair no tronco da criança: derramar água fria na área envolvida ou aplicar compressas frias, até que a região seja esfriada e haja alívio da dor maior.
- Não romper bolhas.

Observação: Mais de 50% das queimaduras infantis têm esse agente causador.

Queimaduras causadas por substâncias químicas
(produtos de limpeza, por exemplo)

- Lavar abundantemente a área acometida com água corrente.

* Não usar nenhuma substância química para neutralizar o agente causador da queimadura, pois isso pode provocar nova liberação de calor e agravar o acidente.

Queimaduras causadas por eletricidade

* Interromper o contato da criança com a fonte de eletricidade, desligando a chave geral ou a tomada, ou afastando-a diretamente da fonte. Nesse último caso, ter o cuidado de manter um material isolante entre si e a criança (papéis dobrados, pano seco, corda, madeira seca, etc.).
* Aplicar a reanimação cardiorrespiratória, se necessário.

Queimaduras causadas pelo sol

* Usar cremes e emulsões hidratantes e, se preciso, analgésicos.

Queimaduras graves

* Deixar a criança estendida e, antes que as partes atingidas de seu corpo comecem a inchar, retirar roupas e objetos que possam apertá-la.
* Aplicar-lhe compressas úmidas frias imediatamente após o acidente.
* Depois, manter agasalhadas as áreas queimadas e administrar à criança líquidos quentes por via oral se ela estiver consciente, pois há risco de queda geral da temperatura do corpo.
* Encaminhar a criança a um hospital.

Observações

* A gravidade de uma queimadura acentua-se quando há lesões associadas a ela (como, por exemplo, as que ocorrem em acidentes de automóveis com incêndio), ou quando há inalação de fumaça ou gases quentes. Se a criança apresentar tosse ou rouquidão, mesmo após 24 horas do acidente, ela necessita de cuidados especiais e deve ser encaminhada a tratamento especializado.
* Se o ambiente em que tiver ocorrido a queimadura for contaminado, devem-se administrar antibióticos e prevenir contra o tétano (vacinação).

Aspiração de corpo estranho

É a entrada indevida de algum objeto estranho (botão, semente, pedaço de osso, espinha de peixe, etc.) nas vias respiratórias. Pode causar asfixia e requer pronto atendimento. Muitas vezes não se está presente no momento em que a criança aspira o objeto, mas pode-se suspeitar disso pelos sintomas repentinos de asfixia, aparentemente sem causa, que ela apresenta:

- crise de sufocação (engasgo, tosse, falta de ar);
- perda ou dificuldade de emitir a voz (rouquidão, tosse de cachorro, chieira, falta de ar, náuseas).

Pode acontecer de a crise aguda da sufocação dar lugar a um período sem sintoma algum, e depois se instalar um quadro variável, conforme a natureza e o tamanho do corpo estranho aspirado.

O atendimento emergencial em casos de aspiração de corpo estranho consiste na desobstrução das vias aéreas da criança no episódio de sufocação.

Conduta de socorro

Em crianças menores de 2 anos de idade, inclusive

Manobra de Heimlich

- Colocar a criança deitada de costas (pode ser no colo).
- Colocar o 2.º dedo e o 3.º de ambas as mãos sob a ponta inferior do esterno da criança.
- Empurrar o abdômen contra o diafragma (músculo que separa o tórax do abdômen) em compressão súbita e vigorosa.

Outro procedimento de socorro

- Colocar a criança deitada de bruços sobre o antebraço do socorrista, de modo que a cabeça dela fique mais baixa que o tronco. Apoiar a cabeça com a mão, segurando-lhe o queixo e a parte superior do tórax. Para maior firmeza, usar a própria coxa como suporte.

- Desferir rapidamente, com a outra mão, 4 golpes nas costas dela, entre as omoplatas.
- Logo a seguir, estender essa mão livre nas costas da criança de modo que o tórax fique entre as duas mãos.
- Virar a criança em bloco e colocá-la de costas na coxa do socorrista. Mantendo a cabeça dela mais baixa que o corpo, comprimir-lhe 4 vezes o esterno, em rápida sucessão.

Em crianças maiores de 2 anos

Manobra de Heimlich
(abraço de urso)

- Ficar atrás da criança e colocar os braços em torno de sua cintura; deixar a cabeça dela, os braços e a parte superior do tronco penderem para a frente.
- Apertar o próprio punho de uma mão com a outra e colocar sobre o estômago da criança, logo acima do umbigo, na linha da cintura (sob o gradeado costal).
- Apertar rapidamente o punho contra o estômago da criança, como se fosse um golpe; repetir essa operação 4 vezes ou até que o corpo estranho seja expelido.
- Completar com 4 compressões torácicas (esternais), se necessário.
- Se a criança for muito grande para que essa manobra seja feita, proceder da seguinte maneira:
    - deitá-la de costas;
    - ajoelhar-se junto dela;
    - pressionar firmemente com as mãos cruzadas a região logo acima da linha da cintura.

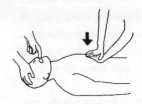

- Outra pessoa deverá estar atenta para remover o corpo estranho; se a criança vomitar, virar-lhe o corpo todo de lado.

Outro procedimento de socorro

- Sentar-se no chão, colocar a criança atravessada sobre as coxas do socorrista, de barriga para baixo e com a cabeça mais baixa que o tronco.
- Aplicar-lhe 4 golpes nas costas.
- Colocar a criança no chão, de barriga para cima. Aplicar-lhe então 4 compressões esternais.

Observações

- Após as compressões torácicas, se a criança ainda estiver inconsciente, imediatamente abrir-lhe a boca e pressionar-lhe a língua com o polegar, enquanto os outros dedos da mesma mão envolvem-lhe a mandíbula. Visualizado o corpo estranho, tentar removê-lo com o dedo ou com um instrumento mais apropriado.
- Se após essa manobra a criança não tiver recuperado a respiração, executar 4 respirações boca-a-boca, moderadas, em rápida sucessão, sem esperar o esvaziamento total dos pulmões.
- Se o tórax não se movimentar, a obstrução persiste. Repetir, então, a manobra de desobstrução.

Politraumatismo infantil

Politraumatismo é um conjunto de lesões, de diferentes espécies, causadas por um agente físico externo. Num acidente de automóvel, por exemplo, os acidentados podem apresentar fraturas, hemorragias, queimaduras e outras desordens simultaneamente.

No socorro que se presta a acidentados com politraumatismo são prioritários: a reanimação cardiorrespiratória, quando necessária, o estancamento de hemorragias e o transporte, corretamente realizado, ao hospital.

Hemorragias

- Fazer no próprio local do acidente uma compressão da área do sangramento com panos limpos; ter bom senso e saber improvisar, pois as situações serão variadas.
- Não usar garroteamento (torniquete) em crianças, pois essa técnica pode ser lesiva.
- Na compressão em pescoço, estar atento para não dificultar a entrada de ar nos pulmões.
- Dar prioridade aos sangramentos mais importantes e não se prender aos superficiais se houver vários acidentados.
- Os sintomas de hemorragia interna são: palidez, sudorese fria e ansiedade. Transportar o acidentado para um hospital.

Fraturas

- Imobilizá-las com o objeto mais adequado disponível no local. Essa simples medida, além de aliviar a dor, previne lesões vasculares e nervosas.

Transporte da criança acidentada

- Atenção! Conter o impulso natural de tomar a criança nos braços, pois esse movimento poderia levar à flexão forçada da coluna vertebral, com possível deslocamento de vértebras fraturadas e compressão da medula espinhal, o que favoreceria seqüelas e aumentaria o risco de vida.
- O importante no transporte é não flexionar a coluna da criança. Ela pode ser deitada de costas, com a cabeça estendida, de bruços ou de lado. A posição recomendável é a de costas. A posição lateral, contudo, previne a aspiração de material vomitado para os pulmões.
- É preferível perder alguns minutos no transporte a submeter o acidentado a solavancos que poderão deslocar coágulos que estejam evitando hemorragias internas.

Reanimação cardiorrespiratória

1. Confirmar se a criança está mesmo inconsciente. Deitá-la de costas, sobre uma superfície dura.

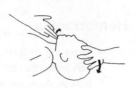

2. Abrir-lhe a boca e desobstruir a passagem do ar, retirando qualquer corpo estranho (restos de alimento, objetos, sangue, etc.). Para evitar que a língua impeça a passagem de ar, colocar os dedos debaixo do queixo, empurrá-lo para cima e para frente, e estender delicadamente a cabeça da criança.

3. Verificar se ela respira; caso contrário, aplicar respiração boca-a-boca ou, em crianças pequenas, boca e nariz.

4. Verificar, após executar duas respirações, se o coração dela está batendo (em crianças pequenas, verificar a pulsação da artéria braquial, ao nível da axila).

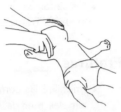

5. Em caso negativo, iniciar a massagem cardíaca (ver técnica descrita a seguir).

6. Quando houver dois socorristas, ao final de 5 massagens cardíacas feitas por um deles, o outro faz uma respiração boca-a-boca em criança de qualquer idade. Se houver apenas um socorrista, fazer 15 massagens, seguidas de 2 ventilações.

Massagem cardíaca em crianças menores de um ano, inclusive

* Imaginar uma linha unindo os dois mamilos; posicionar o dedo médio e o anular, juntos, paralelos a essa linha e abaixo dela, à distância de um dedo (aproximadamente 1 cm).
* Comprimir o tórax da criança 1 a 2,5 cm de profundidade aproximadamente.
* Quando há dois socorristas, posicionar os dois polegares, lado a lado, logo abaixo de uma linha imaginária que une os dois mami-

los. Com os outros dedos, envolver o tórax por trás.

♦ Comprimir o tórax da criança 1 a 2,5 cm de profundidade, aproximadamente.

Massagem cardíaca em crianças de um a oito anos

♦ Colocar a saliência da palma de uma das mãos (região próxima ao pulso) a cerca de um dedo da ponta inferior do esterno.
♦ Comprimir o tórax da criança 2 a 4 cm, aproximadamente.

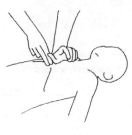

Massagem cardíaca em crianças acima de oito anos

♦ Colocar as duas mãos sobre o tórax da criança, a dois dedos acima do fim do esterno.
♦ Comprimir o tórax da criança 3 a 5 cm, aproximadamente.

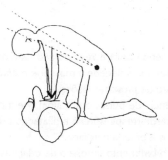

Etapas da reanimação cardiorrespiratória

 *Verificar se o paciente está inconsciente.*	 *Constatada inconsciência, pedir auxílio.*	 *Posicionar o paciente.*
 *Desobstruir-lhe as vias áereas.*	 *Verificar se há parada respiratória.*	*Constatada parada respiratória, aplicar respiração boca-a-boca.*
Verificar batimentos cardíacos.	 *Constatada parada cardíaca, fazer compressões torácicas.*	Coordenar ritmo: ♦ 5 compressões torácicas; ♦ 1 respiração boca-a-boca; ♦ verificação dos batimentos cardíacos.

Observações

- Não se recomenda para a reanimação cardiorrespiratória infantil o soco precordial que antecede a massagem cardíaca de adultos, pois corre-se o risco de provocar lesões.
- Além da ausência de pulso, outro sinal que indica a necessidade de reanimação cardiorrespiratória é a dilatação pupilar, que se inicia 15 segundos após a parada cardíaca.
- Para verificar o batimento cardíaco de crianças menores de um ano

é recomendável palpar a artéria femural (na virilha) ou a braquial (na parte interna e superior do braço). Em crianças maiores pode-se palpar a carótida (área lateral do pescoço).
* Para verificar se a criança respira, observar seus movimentos torácicos.

Prevenção de acidentes com crianças

* Manter fora do alcance da criança tudo o que representa risco para ela (remédios, material de limpeza, fósforos, objetos pequenos que possam ser engolidos ou inalados, material inflamável, etc.).
* Virar cabos de panelas para dentro do fogão.
* Sempre transportar crianças no banco traseiro do carro, com cinto de segurança.
* Acondicionar álcool em garrafas de vidro e mantê-lo em lugar seguro.
* Bloquear as tomadas com protetores ou esparadrapo.
* Ficar atento ao colocar pratos quentes sobre a mesa: podem cair sobre a criança, se ela puxar a toalha.
* Orientar as crianças maiores para não soltarem balões e terem muito cuidado com fogos de artifício.
* Orientá-las também para não soltarem pipas próximo a fios elétricos.
* Ter cuidado com os raios solares.

EMERGÊNCIAS PSÍQUICAS

Quando se fala em emergência, logo vêm à mente situações críticas em que há risco de vida. Nesse sentido, não existe "emergência psíquica", pois não há condições mentais/emocionais que, em si mesmas, coloquem uma pessoa com a vida em perigo. Entretanto, a expressão "emergências psíquicas" é aplicada quando condições de perturbação mental/emocional graves indiretamente ameaçam a vida, por meio do desencadeamento de comportamentos anormais, como a violência contra outros ou contra si mesmo ou a apatia diante de doenças corporais. Além disso, a ansiedade aguda — momento de sofrimento mais intenso de pacientes neuróticos —, as crises de pesar agudo, mesmo em pessoas normais, e o estado emocional das vítimas de desastre são considerados também emergências psíquicas, embora, na maioria das vezes, não envolvam risco de vida.

As orientações seguintes são dirigidas a leigos e esclarecem o que pode ser feito nesses casos, até a obtenção de cuidado especializado.

A abordagem deve começar pela identificação superficial do problema do ponto de vista "psiquiátrico". A seguir faz-se um breve levantamento de possíveis causas orgânicas para a perturbação apresentada. Excluída essa possibilidade, criam-se condições de segurança no ambiente em que ocorre a emergência psíquica. Procura-se, então, conversar com a pessoa acometida e agir de acordo com o seu comportamento. Finalmente, em casos mais graves, apela-se para a contenção física ou farmacológica do doente, com posterior transporte para o hospital.

Tipos de transtorno mental

Para identificar o tipo de transtorno mental, observar os seguintes aspectos:

- *aparência*: bem-cuidada ou descuidada;
- *atitude*: de sofrimento, fóbica*, carente de atenção, dissimulada, apática, suicida, confusa, agressiva, desorientada;
- *discurso*: coerente, desconexo, delirante (idéias irreais);
- *percepção*: ilusões e alucinações;
- *colaboração*: bastante, pouca, nenhuma ou ambivalente;
- *sinais de sofrimento agudo*: febre, dor, palidez, transpiração excessiva, pele fria, uso de álcool ou drogas.

Psicose

É um tipo grave de transtorno mental, em que não se percebe corretamente a realidade objetiva e não se reconhece o próprio estado patológico. A pessoa pode estar "ouvindo vozes" (alucinações auditivas) ou tendo visões (alucinações visuais) ou apresentar idéias estranhas e irreais, por exemplo, pensar que os outros podem ouvir seus pensamentos ou que estão tentando prejudicá-la, ou achar que é alguém famoso, como o presidente do país. A pessoa pode tornar-se agressiva ou agitada sem razão aparente, ou passar muito tempo isolada ou na cama, dormindo durante o dia e acordada à noite. Pode negligenciar a própria aparência, ficando sem trocar de roupa, sem tomar banho ou sem se alimentar, ou ainda pode ter dificuldade de se comunicar, dizer coisas sem sentido ou falar demais ou muito pouco.

As principais doenças psicóticas responsáveis por problemas agudos são a esquizofrenia, a mania, as psicoses alcoólicas e os estados confusionais causados por doenças ou traumatismos físicos.

Neurose

É uma perturbação menos grave, em que o indivíduo pode apresentar crises intensas de ansiedade, mas reconhece seu estado patológico e, embora não perca a noção da realidade objetiva, não consegue controlar plenamente as próprias ações. Muitas das crises de ansiedade podem apresentar-se sob a forma de "somatização" (sôma, do grego, significa corpo), imitando perturbações corporais, como infarto do miocárdio, convulsões e estado de coma.

---

* *Fóbico*: relativo a medo doentio, horror instintivo a alguma coisa, aversão irreprimível.

As principais condições neuróticas geradoras de problemas emergenciais são o distúrbio do pânico, a histeria, as fobias e o distúrbio obsessivo compulsivo (D.O.C.).

Depressão

Segundo estimativa americana, 8% das pessoas adultas sofrem de alguma doença depressiva em algum momento da vida. Os principais sintomas de depressão são tristeza persistente, sensação de vazio, pessimismo, desinteresse pela vida, insônia ou sonolência excessiva, idéias de morte, ansiedade e desconfortos corporais (dor de cabeça, distúrbios digestivos e dor crônica). O principal risco apresentado pela pessoa deprimida é o suicídio.

Oligofrenia

Deficiência mental, inteligência subdesenvolvida ou escassez de desenvolvimento mental; a pessoa pode, raramente, entrar em psicose, mas os distúrbios mais comuns são os de comportamento.

Psicopatia

Distúrbio de personalidade caracterizado por comportamentos anti-sociais; a pessoa não é psicótica, mas também não sofre pelas conseqüências dos seus atos. Esse tipo de distúrbio pode muitas vezes resultar em ocorrências policiais.

Exclusão de causa orgânica

Após a identificação sumária do transtorno mental, a primeira providência a ser tomada pelo socorrista é a tentativa de exclusão de causas orgânicas, caso esteja diante de um paciente psicótico. Na hipótese de qualquer outro transtorno (neurose, depressão, distúrbios de comportamento em oligofrênicos ou psicopatas), deve-se fazer imediatamente a abordagem verbal.

A investigação de causa orgânica subjacente é fundamental, pois a intervenção pode ser mais urgente. Informações complementares devem ser obtidas de familiares ou de acompanhantes. A perturbação mental, nesse caso, pode representar apenas um estágio anterior ao coma. Em geral o início da crise psicótica é súbito e o paciente apresenta ofuscamento de consciência, desorientação, não-reconhecimento de si nem do ambiente e sinais de sofrimento agudo ou de intoxicação aguda.

As condições orgânicas abaixo podem desencadear um distúrbio mental agudo:

Estruturais

♦ traumatismo craniano
♦ acidente vascular cerebral ("derrame cerebral")
♦ estado de choque
♦ convulsões

Metabólicas

♦ hipoglicemia ou hiperglicemia
♦ asfixia
♦ intoxicações
♦ infecções
♦ insolação

Atenção especial deve ser dada à condição conhecida como "delirium tremens", complicação médica grave do estado de abstinência de álcool em dependentes crônicos, caracterizada por ofuscamento de consciência, alucinações e ilusões intensas, tremores, agitação, febre, transpiração excessiva e taquicardia. Esses casos devem ser encaminhados a uma unidade de emergência.

Na hipótese de confirmação de causa orgânica, o procedimento correto é transportar de imediato o paciente para o hospital. Caso o paciente esteja agitado, antes deverá ser contido mecanicamente. Se houver parada cardiorrespiratória, deve ser imediatamente iniciada a reanimação.

Controle do ambiente

Certo cuidado deve ser dispensado ao ambiente físico e emocional que envolve uma emergência psíquica. É necessário haver segurança para os socorristas e para o paciente, que deve ser retirado de um ambiente hostil ou ameaçador para outro, calmo e com pouca estimulação. A família ou os amigos podem ser solicitados a colaborar, caso isso deixe o paciente mais tranqüilo, ou a se retirar, se esta for a melhor opção. Em geral, quanto menos pessoas envolvidas, melhor, a não ser quando há risco de violência. Todos os objetos potencialmente perigosos, como os pontiagudos, afiados, fontes de chama, cintos e vidros, devem estar afastados em caso de risco de violência ou de suicídio. Atentar também para não deixar o paciente próximo a janelas.

Abordagem verbal

de pacientes psicóticos agitados ou violentos

1. Já excluídas causas orgânicas, esgote todas as possibilidades de interação ou abordagem pacífica; quando já não houver nenhuma, parta para a contenção mecânica.
2. Saliente a identidade e os bons propósitos do socorrista.
3. Seja sempre paciente e amável, mesmo diante de uma atitude hostil.
4. Permaneça a certa distância até sentir que o paciente confia em você; evite tocá-lo sem sua permissão.
5. Ouça ativamente e mostre interesse: não ser ouvido é um fator comum de precipitação de violentas explosões de raiva. Ao mesmo tempo, imponha limites, caso necessário.
6. Com o tempo, conduza a conversa para a obtenção da colaboração do paciente em ser medicado; repita as mensagens de formas diferentes (parafraseando) e fale dos sentimentos apresentados pelo paciente e observados pelo socorrista.
7. Se houver resistência, faça sutil demonstração de força; um grupo é organizado antes de se enfrentar o paciente; pessoas determinadas são convocadas a fim de evitar confusão; o paciente confronta-se com a escolha entre o caminho fácil e o difícil para aceitar a avaliação médica e o transporte necessários.

de paciente deprimido ou com comportamento suicida

1. Indague de todos os pacientes deprimidos sobre idéias e comportamentos suicidas.
2. Avalie o risco de suicídio, considerando como fatores de alto risco: idade maior de 45 anos; sexo masculino; instabilidade familiar ou social; perda recente; tentativas anteriores de suicídio; tendência ao método letal (salto ou arma de fogo); isolamento; depressão grave ou doença crônica.

3. Previna ações suicidas; não deixe esses pacientes sozinhos; retire frascos de pílulas e armas potenciais das proximidades (facas, etc.).
4. Se o paciente tem necessidade de falar, deixe-o fazê-lo; depois de desabafar, ele pode tornar-se mais colaborador; caso contrário, seja mais ativo.
5. Seja claro: mostre ao paciente o que dele espera, por meio de frases como "Vamos para a ambulância agora", por exemplo.
6. Quando o paciente agudamente deprimido ou suicida recusa o transporte de forma inflexível, a contenção mecânica é indicada.

de pessoas com ansiedade aguda *(neuróticos)*

1. Demonstre tranqüilidade.
2. Interrogue o paciente sobre a ocorrência de outros episódios do problema.
3. Tranqüilize-o, dê-lhe apoio.
4. Tente utilizar alguma técnica simples de relaxamento.
5. Imponha-lhe limites ao comportamento quando necessário.
6. Transporte-o para um serviço de emergência se estas medidas não tiverem sido suficientes.

de pessoas com reação de pesar agudo

1. Consiga uma sala tranqüila para acolher o paciente.
2. Encoraje-o a falar de seus sentimentos.
3. Ouça mais e fale menos.
4. Reforce a capacidade da pessoa para vencer todas as dificuldades enumeradas por ela.
5. Identificado algum distúrbio mental, encaminhe o paciente para atendimento médico.

de pessoas com reação aguda ao *"stress"*

1. Consiga uma sala tranqüila para acolher o paciente.
2. Encoraje-o a falar de seus sentimentos.
3. Ouça mais e fale menos.
4. Reforce a capacidade da pessoa para vencer todas as dificuldades enumeradas por ela.

5. Identificado algum distúrbio mental, encaminhe o paciente para atendimento médico.

de vítimas de desastre

1. Adote uma atitude simpática e flexível em relação às diversas reações do paciente.
2. Lugares para sentar ou descansar e bebidas quentes devem ser oferecidas aos que não estão sendo submetidos a tratamento de emergência.
3. Os acidentados não devem ser deixados sozinhos; freqüentemente é útil agrupar diversos acidentados na mesma sala durante o tratamento; exceção a essa regra são os pacientes extremamente perturbados ou perturbadores, que devem ser separados dos demais.
4. Permita que os pacientes expressem seus sentimentos a respeito da experiência.
5. Proporcione informação precisa e responsável aos sobreviventes e seus familiares. Faça cessar todos os rumores infundados.
6. Os pacientes que demonstram evidentes distúrbios emocionais, além de tristeza e atordoamento esperados, devem ser encaminhados à avaliação psiquiátrica.

Contenção mecânica

A principal justificativa para a contenção mecânica é a possibilidade de violência, tanto contra si mesmo como contra outras pessoas. Outras razões devem ser consideradas, como, por exemplo, a não colaboração do paciente na aplicação de alguma medida diagnóstica ou terapêutica (aplicação de medicações injetáveis, coleta de sangue, instalação de soro ou de sondas, etc.).

Os momentos que justificam a contenção mecânica são sempre de perturbação grave da consciência e, quando bem identificados, devem dar lugar a sentimentos de compreensão e de gratidão por parte dos pacientes ao final do tratamento.

A contenção mecânica deve obedecer às seguintes regras:

1. cinco pessoas, preferencialmente, devem estar envolvidas na contenção: uma que coordena e dirige a palavra ao paciente e outras

quatro (uma para cada membro do corpo) com um treinamento prévio nesse tipo de procedimento; às vezes a simples presença dessa quantidade de pessoas é suficiente para suscitar a colaboração;

2. cada braço deve ser amarrado numa das laterais do leito e os pés, juntos, no pé da cama (ou da maca); as faixas de contenção devem ser de um material resistente, como o couro ou o brim;
3. a abordagem deve ser feita de preferência após uma distração do paciente;
4. se houver possibilidade, a razão da contenção deve ser explicada ao paciente;
5. o paciente deve ser constantemente observado, tanto em relação à segurança e conforto durante a contenção, quanto em relação a outros parâmetros, como sinais vitais e nível de consciência;
6. os sedativos injetáveis prescritos devem estar preparados antes da contenção e devem ser administrados, na presença de um médico, tão logo seja possível;
7. pacientes intoxicados devem ser contidos em decúbito lateral esquerdo e cuidadosamente observados para evitar aspiração.

Contenção farmacológica

É realizada por meio de medicação tranqüilizante ou sedativa, tanto por via oral, em casos mais leves, como por via intramuscular profunda ou por via endovenosa, nos mais graves. A presença de um médico é indispensável.

FERIMENTOS

Ferimento é a ruptura da pele, com ou sem comprometimento dos tecidos adjacentes. Pode ser superficial ou profundo:

+ ferimento superficial é o que atinge os tecidos superficiais, chegando no máximo até a membrana fibrosa que reveste ou envolve os músculos;

+ ferimento profundo é o que atinge planos vasculares profundos, viscerais, neurais, tendinosos, etc.

Em geral o ferimento é causado por agente contaminado e, por isso, infecta o organismo, além de dar condições de os micróbios que vivem na pele penetrarem o interior da ferida. A contaminação não devidamente tratada pode redundar em infecção; no entanto, no que se refere ao atendimento emergencial em ferimentos com hemorragia, a descontaminação não é tão prioritária quanto o tratamento da hemorragia, pois esta coloca em risco a vida do paciente.

Para prestar socorro aos feridos, é necessário considerar os seguintes elementos:

+ tempo decorrido entre o acidente e o atendimento; se ultrapassar mais de 8 horas, considerar o ferimento como infectado;

+ presença ou não de hemorragia, quer externa, quer interna — hematomas, coleções torácicas (hemotórax), coleções abdominais (hemoperitôneo), etc.;

+ presença de corpos estranhos (vidro, areia, etc.) no ferimento;

+ doenças preexistentes, como diabetes, anemias e desnutrição, que poderão agravar o quadro do acidente;

+ o local de ocorrência da lesão, se ambiente limpo ou contaminado;

+ a necessidade de instituir a profilaxia do tétano (vacinação).

Tipos de ferimentos e seus tratamentos emergenciais

Ferimentos superficiais ou leves

Conduta de socorro

1. Lavar bem as mãos antes de cuidar da pessoa ferida.
2. Limpar o ferimento com bastante água e sabão.
3. Aplicar um anti-séptico no local (mercuriocromo, mertiolate, álcool iodado, etc.).
4. Proteger o ferimento com uma compressa de gaze ou pano limpo, sem apertar.

Atenção:

- Não tentar retirar farpas, vidros ou partículas de metal do ferimento, a menos que saiam facilmente durante a limpeza.
- Prevenir contra o tétano.

Ferimentos graves

Conduta de socorro

1. Não lavar o ferimento, pois a lavagem aumenta o risco de hemorragia.
2. Não remover objetos encravados.
3. Colocar gaze ou pano limpo sobre o ferimento e comprimir a área atingida o suficiente para cessar a hemorragia.
4. Se o ferimento for nos membros, elevar o membro ferido.
5. Transportar imediatamente o ferido para um hospital.

Escoriação

Irritação superficial da pele, com sangramento e segregação de fluido.

Seu tratamento emergencial consiste em limpar delicadamente ao redor da região ferida, secar e aplicar curativo.

Ferida incisiva simples

É a provocada pela borda afiada de um objeto cortante (vidro, faca, etc.).

Se o corte tiver menos de 1,5 cm de comprimento e a região ferida estiver limpa, o tratamento emergencial consiste em unir as bordas da ferida e aplicar um curativo adesivo.

Se houver sangramento, o ferimento não deve ser lavado. O socorrista deve lavar bem as próprias mãos e limpar a área em torno da ferida, cuidando em não deixar penetrar água nela.

Se a incisão tiver mais de 1,5 cm, necessitará de ser costurada (sutura); portanto, deve-se encaminhar o acidentado a um hospital.

Laceração

É um ferimento irregular, denteado. Em geral é causado por objetos afiados e irregulares (ponta de uma lata aberta, por exemplo), diferentes de instrumentos cortantes. São ferimentos difíceis de tratar e normalmente necessitam cuidados hospitalares. Em geral esse tipo de lesão exige a prevenção antitetânica.

Seu tratamento emergencial consiste em cobrir a área ferida e pressioná-la para sustar a hemorragia. O socorrista deve limitar-se a remover pedaços de objetos soltos sobre a ferida; uma remoção mais cuidadosa deve ser feita por pessoas capacitadas.

O paciente deve ser encaminhado a um hospital, onde a ferida será limpa, liberada de corpos estranhos e suas bordas cuidadosamente unidas e suturadas (costuradas).

Ferida perfurante

É uma ferida que geralmente sangra pouco e é causada por instrumento afiado e pontudo, como prego, agulha, etc. Parece uma ferida trivial, porém precisa ser considerada seriamente, pois pode provocar infecção.

O tratamento emergencial consiste em limpar delicadamente ao redor da região ferida, secar e aplicar curativo. Dependendo da gravidade e da profundidade da ferida, o paciente deve ser encaminhado a um hospital.

Contusões ou pancadas

São as lesões que ocorrem abaixo da pele e das mucosas e podem atingir os órgãos profundos (fígado, baço, pulmão, coração, etc.).

Uma contusão é, portanto, uma lesão produzida nos tecidos por pancada sem que haja rompimento da pele. Os sinais e sintomas mais comuns são dor e inchação no local da pancada.

Conduta de socorro

1. Evitar movimentar a região atingida.
2. Aplicar compressas frias ou saco de gelo no local atingido.
3. Procurar um médico, se necessário.

Atenção:

- Não perder tempo ao socorrer o ferido, pois uma contusão pode acarretar hemorragia interna, fratura ou outras lesões mais graves.
- É importante verificar a extensão da contusão e a existência de grandes hematomas, pois esses elementos sinalizam a possibilidade de hemorragias internas e de o paciente entrar em estado de choque.
- Sangramentos pela boca, pelo nariz e pelo ouvido podem significar fratura de crânio.
- Nas contusões de pescoço deve-se ficar atento à possibilidade de lesão na traquéia, com comprometimento da respiração.
- Contusões sobre o esterno podem ser acompanhadas de lesão cardíaca.

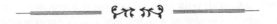

FRATURAS E LUXAÇÕES

Fraturas

Quando um osso se quebra, diz-se que houve fratura óssea. As fraturas podem impedir o funcionamento do membro atingido por causa da dor e da instabilidade que causam. Constatada a fratura, a ação do socorrista consiste apenas em impedir o deslocamento das partes quebradas, evitando assim maiores danos.

A gravidade das fraturas está relacionada com a sua localização no corpo e com o rompimento ou não da pele. As fraturas do crânio e as de coluna vertebral são as mais graves, pois podem causar a morte ou deixar seqüelas irreversíveis.

As fraturas expostas, em que a pele se rompe e o osso fica exposto, são, por sua vez, mais graves que as fechadas, pelos riscos de infecção óssea (osteomielite).

O atendimento emergencial no caso de fratura exposta consiste em cobrir o ferimento com uma gaze ou um pano limpo, envolver o curativo com uma atadura e imobilizar a região afetada. O encaminhamento para atendimento especializado não deve ultrapassar o limite de 8 (oito) horas após o acidente, pois a essa altura a fratura já estará infectada.

As fraturas com desvios ósseos podem provocar a ruptura de veias, artérias e nervos. Quando uma artéria se rompe, os sintomas imediatos são palidez e ausência de pulso, e há necessidade de tratamento urgente e especializado.

Fraturas de crânio

Pancadas fortes na cabeça são geralmente acompanhadas de sangramento no cérebro, que, se não for estancado de imediato, pode causar a morte do paciente.

Após uma pancada na cabeça, observar o estado de consciência do acidentado, a presença de sangue nos seus ouvidos, nariz e couro cabeludo, bem como a ocorrência de náuseas, vômitos e dor de cabeça.

Se o acidentado estiver inconsciente, verificar se está respirando e se o seu coração está batendo. Em caso negativo, desobstruir sua boca e garganta, inclinar a sua cabeça para trás e, em seguida, iniciar a respiração boca-a-boca e a massagem cardíaca.

Esse tipo de fratura requer urgência de atendimento e transporte para um centro especializado.

Fraturas de coluna cervical (pescoço)

Caracterizam-se por forte dor no pescoço, incapacidade de movimentar-se, perda da sensibilidade tátil nos braços e pernas e sensação de formigamento nos membros. O atendimento emergencial consiste em imobilizar a região fraturada e verificar se o acidentado está respirando e se há paralisia ou dormência nos membros. A imobilização pode ser improvisada com cabides de arame, papelão, panos, jornais, etc.

O transporte exige atenção especial a fim de evitar movimentos da cabeça e pescoço do acidentado.

Todo paciente desacordado por causa de um trauma violento é potencialmente portador de fratura de coluna. Deve-se, portanto, tocá-lo com o máximo cuidado. Para imobilizar o seu pescoço, pode-se enrolar em volta dele sem apertar uma camisa, uma toalha ou outro pano, fixando-o com um cinto.

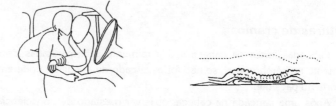

Se o acidentado estiver inconsciente, proceder como se ele apresentasse fratura na coluna cervical.

Fraturas da coluna toracolombar

Caracterizam-se por dor local. À manifestação da dor, pesquisar se há paralisia ou dormência nos membros inferiores do acidentado. Para transportá-lo, utilizar uma maca rígida (tábua, porta, etc.) e evitar movimentos que dobrem o seu tronco.

Fraturas do fêmur (coxa)

Caracterizam-se por dor local, dificuldade de movimentação do membro afetado, deformidade e rotação da coxa e incapacidade de andar.

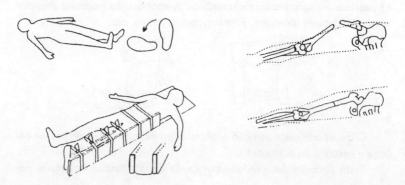

A imobilização deve ser feita na posição em que se encontrar o membro fraturado. Para isso, usam-se talas que imobilizem todo o membro; a tala externa deve estender-se até o tronco. Pode-se improvisá-la com tábuas, cabos de vassoura, ripas, guarda-chuvas, papelões, etc.

Fraturas da tíbia e do perônio (perna)

Caracterizam-se por inchação, dor local, dificuldade de movimentação do membro afetado e incapacidade de andar. A imobilização deve ser feita na posição em que se encontrar a perna fraturada e englobar toda a área, desde o pé (inclusive) até a junção com a coxa. Pode-se improvisar com tábuas, cabos de vassouras, ripas, guarda-chuvas, papelões, etc. Recomenda-se o uso de panos ou outro material macio para acolchoar as talas, que devem ser amarradas com ataduras ou tiras de pano não muito apertadas, em no mínimo 4 (quatro) pontos:

- abaixo da junta mais próxima (joelho ou tornozelo);
- abaixo da fratura;
- acima da junta;
- acima da fratura.

Fraturas da patela* (joelho)

Caracterizam-se por dor, inchaço (edema) e incapacidade de estender o joelho. Normalmente faz-se uma imobilização provisória e encaminha-se o acidentado para trata-tratamento especializado. Na maioria das vezes é preciso uma cirurgia.

---

* *Patela*: cada um dos ossos pares situados adiante da articulação do fêmur com a tíbia.

Fraturas do pé

Caracterizam-se por dor local, inchação e dificuldade de andar. A imobilização deve incluir a perna e o tornozelo. Podem-se utilizar na imobilização papelões, jornais, travesseiros, etc.

Fraturas da bacia

Caracterizam-se por dor local e dificuldade de movimentação dos membros inferiores, assim como dificuldade de andar.

Ficar atento para o surgimento de estado de choque, que pode ser provocado por hemorragia interna, comum nesse tipo de fratura. A imobilização é feita com o paciente deitado de costas sobre uma superfície dura (tábua, porta, etc.).

Fraturas da clavícula (ombro)

Caracterizam-se por dor intensa no local da fratura, que é identificado passando-se o dedo indicador ao longo do osso: o ponto de maior intensidade de dor corresponderá ao local da quebradura. A imobilização poderá ser feita apenas com uma tipóia ou pode-se fixar o braço afetado de encontro ao tórax.

Fraturas de costela

Caracterizam-se por dor local que se agrava com os movimentos da respiração. O local da fratura é identificado passando-se o dedo indicador ao longo do osso: o ponto de maior intensidade de dor corresponderá ao local afetado.

Não é possível imobilizar o osso fraturado; o atendimento emergencial consiste em manter o acidentado em posição confortável até chegar a um serviço médico especializado.

Fraturas do braço, do antebraço, do punho e da mão

Caracterizam-se por dor, inchaço e perda de função da região afetada.

Em fraturas de braço, proteger a face externa do membro com uma tala (revista dobrada, por exemplo) que abarque toda a área, desde o ombro até o cotovelo. Fixar o braço assim protegido de encontro ao tórax, usando para isso duas faixas de pano, e amparar o antebraço com uma tipóia.

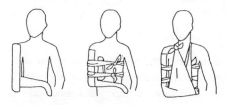

Em fraturas de antebraço, de punho e de mão, colocar duas talas, uma na face interna e outra na face externa do antebraço, ultrapassando o cotovelo e os dedos (na falta de talas, usar jornal dobrado, revista, papelão madeira, etc.) e amparar o antebraço com uma tipóia.

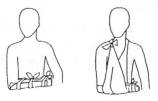

Luxação

É o deslocamento da extremidade de um osso ao nível de sua articulação.

Os sinais mais comuns são dor violenta, deformação e impossibilidade de movimentar a parte afetada.

Luxação dos dedos

Caracteriza-se por dor e inchação. A redução (ato de colocar os ossos nos seus devidos lugares) pode ser feita apenas por tração, colocando-se depois uma tala com o dedo dobrado na posição normal (semifletido) por 3 semanas.

Luxação do semilunar

Trata-se da luxação de um dos pequenos ossos que existem no punho, que se chama semilunar por parecer uma meia-lua. Caracteriza-se por dor no punho e inchação. Imobilizar o antebraço e o punho com uma tipóia e encaminhar o acidentado ao serviço médico.

Luxação do cotovelo

É um tipo de traumatismo muito comum em adultos e caracteriza-se por dor e inchação. Para o diagnóstico definitivo é muito importante a radiografia. Imobilizar o braço com uma tipóia e encaminhar o paciente para a redução, (colocação do osso em seu lugar), o que na maioria das vezes é feito sob anestesia geral.

Luxação do ombro

Caracteriza-se por dor intensa à tentativa de movimentação do ombro, que perde o contorno arredondado e assume forma quadrangular. Imobilizar o braço com uma tipóia e encaminhar o paciente ao médico para a redução, que na maioria das vezes é feita sob anestesia geral.

Luxação do joelho

É uma lesão pouco freqüente, porém comum em acidentes automobilísticos graves. Por haver risco de ruptura das artérias, veias e nervos que passam atrás do joelho, trata-se de emergência. Encaminhar o acidentado o mais rapidamente possível para um serviço médico especializado, após imobilização da perna afetada com tala.

Luxação do tornozelo

Caracteriza-se por dor, inchação e deformidade. Remover com cuidado o calçado da pessoa e imobilizar-lhe o pé e a perna com revistas, travesseiros, etc.

Luxação da articulação do quadril

Caracteriza-se por dor e pela tendência de o acidentado manter a coxa em posição de flexão. Também aqui há necessidade de encaminhamento urgente para a redução, que é feita sob anestesia geral. O encaminhamento para um hospital nunca deve ultrapassar o período de 8 (oito) horas após o acidente, pois quanto maior o intervalo entre acidente e redução da luxação, maior o risco de comprometimento da circulação da cabeça do fêmur. Esta é uma das mais graves complicações da ortopedia.

Luxação da rótula

Traumatismo comum em adolescentes e adultos jovens, caracteriza-se por dor e inchação. A rótula tende a deslocar-se para a lateral do joelho. A redução pode ser feita na hora do acidente, bastando puxar a rótula para a sua posição na frente do joelho com este estendido. Em seguida, faz-se a imobilização com tala.

Transporte do paciente

A movimentação e o transporte de acidentado com suspeita de fratura ou luxação devem ser feitos com cuidado, a fim de não complicar lesões existentes.

Antes de providenciar a remoção do paciente, é necessário:

- controlar as hemorragias;
- manter a respiração do acidentado, desobstruindo-lhe as vias respiratórias (retirar corpos estranhos da sua boca, dentaduras, etc.);
- imobilizar todos os pontos suspeitos de fraturas;
- evitar ou controlar o estado de choque.

A maca é o melhor meio de transporte. Para improvisar uma boa maca:

- abotoar duas camisas ou um paletó em volta de duas varas ou bastões resistentes;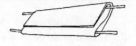
- enrolar um cobertor, dobrado em três, em volta de tubos de ferro ou bastões;
- usar uma tábua larga.

Ao remover ou transportar o paciente, observar as seguintes orientações:

- Levantá-lo com segurança. Se ele tiver de ser levantado antes do exame médico, cada parte de seu corpo deve ser apoiada. Manter seu corpo sempre em linha reta, nunca curvado.

- Puxá-lo para lugar seguro. Esse movimento deve ser feito no sentido da cabeça ou dos pés, nunca dos lados; certificar-se sempre de que a cabeça esteja protegida.

- Transferir o paciente. Ao removê-lo para onde a maca possa ser usada, adotar o método de uma, de duas ou de três pessoas para o transporte (conforme ilustração da página seguinte), dependendo do tipo e da gravidade da lesão, da ajuda disponível e dos obstáculos existentes no local (escadas, paredes, passagens estreitas, etc.).

- Os métodos que empregam um ou dois socorristas são ideais para transportar uma pessoa inconsciente devido a afogamento ou asfixia, mas não servem para carregar um ferido com suspeita de fraturas ou outras lesões graves. Em tais casos usar sempre o método de três socorristas:

Para o transporte propriamente dito, emprega-se um dos métodos abaixo, conforme o caso:

- transporte de apoio
- transporte em "cadeirinha"

- transporte em cadeira

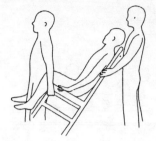

- transporte nos braços

- transporte nas costas

- transporte pelas extremidades

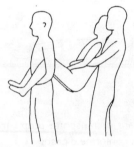

HEMORRAGIA

Hemorragia é a saída do sangue de um vaso sangüíneo rompido. Todas as hemorragias devem ser controladas imediatamente, pois a perda abundante de sangue pode ser fatal.

A causa mais comum de hemorragia é um ferimento, que pode ser leve ou grave.

Classificação

- *Externa*: o sangue sai para o exterior do corpo; é visível ao exame primário do ferido.

- *Interna*: o sangue fica no interior do corpo; pode ser causada por lesões traumáticas de vísceras ou de grandes vasos, e tem como sintomas e sinais: pulso rápido e fraco, palidez da pele e das mucosas, pele fria, sudorese profunda, tonturas e calafrios.

- *Interna exteriorizada*: o sangue escoa para fora do corpo por um orifício natural (boca, nariz, ouvido, etc.).

Tratamento

O tratamento leva em consideração o tipo de ferimento e a classificação da hemorragia.

Nos ferimentos leves, deve-se proceder à limpeza local com soro fisiológico, água e sabão e à anti-sepsia (com PVPiodo, por exemplo), e proteger a área ferida com compressa ou pano limpo. O ferimento grave pode levar a uma hemorragia interna ou externa. Em todos os casos de sangramento abundante, o ferido deve ser transportado para um hospital.

Atendimento emergencial*

Hemorragias externas

1. Posicionamento do ferido
- Manter a região que sangra mais elevada que o coração.
- Se o ferido entrar em estado de choque, deitá-lo com os pés em posição mais alta que a do corpo e cobri-lo.

2. Compressão do ferimento
- Usar uma compressa limpa sobre o ferimento e pressioná-lo; na ausência ou na impossibilidade do uso de compressa, pressioná-lo com os dedos ou com a mão.

3. Compressão dos "pontos de pressão"
- Pressionar firmemente com os dedos ou com as mãos os pontos onde se podem verificar os batimentos cardíacos (pontos onde os vasos são mais superficiais).

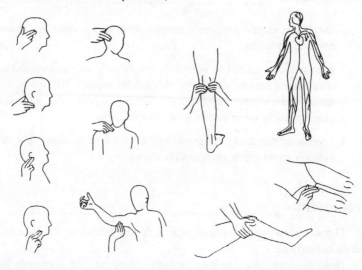

---

* O atendimento emergencial não substitui o encaminhamento do ferido para um hospital, se necessário.

4. Compressão no membro ferido
+ Em ferimento nos membros, caso a simples compressão local não seja suficiente, faz-se a compressão das artérias que os irrigam: axilar e braquial, nos membros superiores; femural e poplítea, nos inferiores. Para isso, colocar uma proteção (algodão, pano limpo, compressa, etc.) na parte interna da articulação do membro ferido, dobrá-lo e fixá-lo com atadura ou faixa de pano.

5. Torniquete (garrote)
+ Se os procedimentos citados não forem suficientes, aplica-se o torniquete.
+ Na aplicação do torniquete, nunca utilizar fios, arames, cordas, barbantes e outros materiais finos, mas sim faixa de pano resistente, gravata, lenço, fralda, atadura, etc., e sempre proteger o trajeto do vaso que sangra com uma compressa ou pano limpo.
+ O torniquete é aplicado passando-se duas vezes a tira de pano ao redor do membro machucado, logo acima do ferimento, e dando-se o primeiro nó.

+ Colocar então um pequeno bastão (um lápis, por exemplo) e dar o segundo nó sobre ele.

+ Marcar em lugar visível (na testa, por exemplo) o horário da aplica-

ção do torniquete para desapertá-lo de 10 em 10 minutos, aproximadamente.
* Torcer o bastão até a hemorragia parar e fixá-lo.

* Cessada a hemorragia, desapertar o torniquete, afrouxando a torção; deixar, porém, o pano e o bastão no mesmo lugar, para possível reutilização do torniquete.

Hemorragias internas e internas exteriorizadas

Nas hemorragias internas, exteriorizadas ou não, o local atingido determinará cuidados específicos. Medidas de primeiros socorros devem ser aplicadas, sem todavia retardar o encaminhamento do ferido para um hospital, conforme a gravidade do sangramento.

Abdômen

Se o estômago for atingido, o ferido vomitará sangue vivo ou escuro, como uma borra de café, e com restos de alimento.
* Manter o ferido em repouso.
* Proteger a área ferida com compressa ou pano limpo, firme mas não apertado.

* Se as vísceras estiverem exteriorizadas, não tentar recolocá-las dentro.
* Não tentar retirar materiais presos ao corpo do ferido.
* Não dar líquidos ao ferido.

Tórax

- Se os pulmões forem atingidos, o ferido eliminará pela boca sangue vermelho e espumoso, em golfadas.
- Manter o ferido deitado e em repouso.
- Proteger a área com compressa ou pano limpo, a fim de impedir a entrada de ar através da lesão.

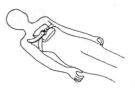

- Fixar o curativo com faixa de pano ou com cinto, ajustando-o sem apertar, para que os movimentos respiratórios não sejam dificultados.
- Não dar líquidos ao ferido.

Cabeça

- O ferido poderá eliminar sangue pelo nariz, pelo ouvido ou pela boca.
- Manter o ferido deitado e em repouso absoluto.
- Fazer um curativo e fixá-lo com atadura ou tira de pano limpo, para proteger o ferimento.
- Manter as vias aéreas (nariz e boca) desobstruídas e facilitar o vômito, virando a cabeça do ferido para o lado, abrindo-lhe a boca e introduzindo nela o próprio dedo envolto num pano limpo.
- Não dar líquidos ao ferido.

Hemorragia nasal

A ruptura dos vasos da mucosa nasal resulta em hemorragia e pode ser causada por traumatismos, hipertensão, etc.

- Colocar o paciente com a cabeça levemente dobrada para a frente e, com os dedos, comprimir suas narinas por 5 minutos.
- Caso a hemorragia persista, usar compressas de gelo ou saco de gelo sobre o nariz.

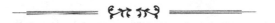

HOMEOPATIA EM URGÊNCIAS

Uso analógico da lei dos semelhantes

A lei dos semelhantes é básica para a homeopatia; foi enunciada por Hipócrates e ensina que uma substância é capaz de curar o desequilíbrio que porventura ela mesma provoca. Dessa forma, se algo é capaz de provocar diarréia, poderá também, sob determinadas condições, resolver uma diarréia.

Usar analogicamente essa lei é buscar soluções criativas para aplicá-la como tratamento. Um exemplo pode ser esclarecedor: em caso de queimadura por água quente, a solução é tratar o local com vapor d'água, dosadamente. Assim a dor será aliviada após algum tempo da aplicação e, dependendo da gravidade, o aparecimento de bolhas será evitado.

Preparo de medicamentos homeopáticos

Dinamização

É a concentração ou a elevação da energia terapêutica dos medicamentos por um processo que consiste em duas etapas básicas: diluição e energização.

Diluição

Colocar em um frasco esterilizado uma parte da substância medicamentosa (tintura) e nove partes de água alcoolizada (diluição decimal) ou uma parte da substância e noventa e nove partes de água alcoolizada (diluição centesimal). Em situações de carência, a diluição decimal é de preparo mais simples, pois mesmo visualmente consegue-se medir as partes de cada líquido.

Energização

Após a diluição, agitar o frasco horizontalmente por 3 minutos ou dar 100 pequenas batidas com o frasco contra uma superfície dura revestida por um pano.

Após a 1.ª diluição/energização tem-se a 1.ª dinamização do medicamento. Essa será a dinamização C1 (se for usada a diluição centesimal) ou D1 (se for a diluição decimal).

A primeira dinamização será a tintura para as dinamizações seguintes. Repetindo as etapas de diluição/energização, obtêm-se as dinamizações C2, C3, C4, ... , ou D2, D3, D4, ...

Observação

Nas situações caóticas, em que não se tem acesso a substâncias medicamentosas, podem-se produzir medicamentos homeopáticos com material biológico do próprio enfermo. O sangue, a urina, as secreções, as tumorações, etc. podem ser dinamizadas, servindo como tintura. Nesse caso, sugere-se usar a diluição centesimal e solução alcoolizada a 70% (três partes de água e sete partes de álcool de cereais).

Método Plus adaptado

É uma forma simples e caseira para obtenção de medicamento homeopático. A adaptação desse método foi desenvolvida a partir da nossa experiência. O método consiste em, partindo de um medicamento homeopático já existente, preparar maior quantidade dele; assim, o volume de medicamento disponível é multiplicado.

Forma de preparo

Em um frasco de vidro âmbar de 30 ml (de preferência), com conta-gotas, esterilizado, colocar três partes de álcool de cereal e sete partes de água pura; adicionar duas gotas ou dois glóbulos do medicamento homeopático já pronto, em qualquer dinamização, e agitar durante dois minutos.

Guardar em geladeira. O medicamento assim preparado terá validade de 30 dias.

Posologia

A freqüência da administração do medicamento deve estar vinculada à intensidade do sintoma. Quanto mais agudo for o quadro, com mais freqüência deve-se administrar o medicamento (a cada hora, por exemplo); à medida que o sintoma for regredindo, a freqüência deverá ser diminuída (três vezes ao dia, por exemplo, se o quadro já estiver estabilizado).

A dinamização do medicamento escolhido deve ser entre C4 a C8 ou D5 a D10.

Transtornos clínicos e tratamentos

Angina de peito *(aperto no coração)*

- Em qualquer caso, usar: *Arsenicum album, Aurum metallicum, Aconitum* ou *Spigelia*.
- Quando o paciente piora ao se recostar do lado esquerdo e também em ambiente quente, usar: *Pulsatilla*.
- Quando há grande acúmulo de muco que não se consegue expectorar, respiração ruidosa, com piora ao recostar-se e à noite, usar: *Antimonium tartaricum*.

Cefaléia *(dor de cabeça)*

- Quando a enxaqueca for no lado direito, produzindo visão turva, utilizar: *Iris versicolor*.
- Nas cefaléias congestivas, vertigens, dores martelantes, pulsáteis, enlouquecedoras e rosto vermelho, e nas cefaléias desencadeadas por irritação, usar: *Belladona*.
- Se a cefaléia for desencadeada por irritação, usar: *Nux vomica*.
- Na cefaléia por traumatismo ou excesso de atividade mental, usar: *Hypericum*.
- Quando a cefaléia for na nuca, com vertigens, utilizar: *Cocculus*.

- Quando a dor for na fronte, dilacerante, e ao mover os olhos se agrava, medicar com: *Bryonia*.
- Para cefaléias na nuca, precedidas por turvações na visão, com início pela manhã, tratar com: *Gelsemium*.

Cólica intestinal

- Nas cólicas intestinais de todo tipo, utilizar: *Belladona*.
- Quando a digestão é lenta e a pessoa se farta rapidamente, ou quando há flatulência excessiva, que melhora eliminando gases, e dores hepáticas que se estendem para as costas, tomar: *Lycopodium*.
- Quando houver pontadas na zona hepática, cólicas violentas, como câimbras que melhoram com pressão local e dor na região umbilical que melhora quando se curva, tomar: *Colocynthis*.
- Se ocorrer prisão de ventre (constipação), contratura no ânus (puxo) e dificuldade de defecar ou urinar (tenesmo), usar: *Nux vomica*.
- Se houver melhora na posição recurvada, prescrever: *Magnesia phosphorica*.

Cólica urinária

- Em qualquer caso, usar: *Berberis* alternado com *Parreira-brava*, ou *Sarsaparrilla* ou, ainda, *Cantharis*.
- Nas causadas por litíase no lado direito, tomar: *Lycopodium*.

Contusão

- Nos casos de traumatismos e suas conseqüências imediatas, utilizar: *Arnica*. Pode ser usada por via oral e topicamente, sob a forma de pomada.
- Nas fraturas, entorses e traumas musculares advindos de esforços não habituais e nas contusões dos tendões e juntas, prescrever: *Ruta*.
- Em contusões nos ossos e nos olhos, tomar: *Ruta* ou *Symphytum*.
- Em contusões nos dedos dos pés e nos nervos, usar: *Hypericum*.

Convulsão

- Em qualquer caso, pode-se tomar: *Nux vomica*.
- Nas convulsões em crianças, usar: *Aconitum, Belladona, Chamomilla, Ignatia* ou *Stramonium*.
- Nas convulsões em crianças que ocorrem durante um calafrio, medicar com: *Arsenicum album* ou *Lachesis*.
- Em convulsões epilépticas, utilizar: *Argentum nitricum, Causticum, Cuprum, Silicea* ou *Sulfur*.

Diarréia

- Um dos melhores remédios para diarréia é *Mercurius solubilis*. É resolutivo principalmente quando há dor ao evacuar, fezes mucosas (com catarro), mucossangüíneas ou mucoesverdeadas.
- Para diarréia, principalmente em crianças, com fezes esverdeadas e cheiro de ovo podre, medicar com: *Chamomilla*.
- Quando a diarréia é muito abundante, com fezes aquosas, como água de arroz, precedidas de câimbras no ventre e cólicas violentas e quando há extrema debilidade e vômitos e diarréia simultâneos, tomar: *Veratrum album**.
- Nas diarréias com sangue, prescrever: *Mercurius corrosivus*.
- Se há vômitos e diarréia simultâneos, diarréia pútrida de odor cadavérico ou diarréia com prostração, usar: *Arsenicum album*.

Dispnéia *(falta de ar)*

- Para asma, dor no tórax e tosse seca, tomar: *Aconitum napellus*.
- Quando a falta de ar ocorre após a meia-noite, especialmente da 1 às 3 horas da manhã, medicar com: *Arsenicum album*.
- Quando piora quando recostado e melhora inclinando-se para frente, medicar com: *Arsenicum album*.
- Se houver grande acúmulo de muco e frio precordial (na frente do coração) e quando a respiração é suspirosa, com naúseas, utilizar: *Ipeca*.

---

* *Veratrum* é um dos principais medicamentos da cólera asiática (assim como *Cuprum* e *Camphora*).

Febre

- Nas febres altas, com piora à noite, sede intensa, de preferência por água gelada, prescrever: *Aconitum*.
- Quando a febre for sem sede, tomar: *Arsenicum album*.
- Nas febres com suores, espasmos e convulsões, usar: *Belladona*.
- Nos casos de febre ao anoitecer, sem sede, intermitente, suores abundantes, medicar com: *China*.

Hemorragia

- Em qualquer caso de hemorragia, usar: *Belladona, China, Lachesis* ou *Phosphorus*.

Odontalgia *(dor de dente)*

- Em qualquer caso de odontalgia, usar: *Aconitum, Belladona, Chamomilla, Hekla lava* ou *Zincum*.
- Se a dor melhora com água gelada, tomar: *Coffea cruda*.

Otalgia *(dor de ouvido)*

- Em qualquer caso, usar: *Aconitum, Belladona, Lycopodium* ou *Magnesia phosphorica*.
- Para os quadros de otite (infecção no ouvido) e otalgia, medicar com: *Chamomilla*.
- Quando houver catarro e inflamação purulenta nos ouvidos (médio e externo), prescrever: *Pulsatilla*.

Queimadura

- Em qualquer caso, aplicar topicamente pomada ou creme de: *Calendula* ou *Cyrtopodium*.
- Nas queimaduras de 1.º grau, tomar: *Aconitum*.
- Nas de 2.º grau, utilizar: *Phosphorus*.
- Nas de 3.º grau, prescrever: *Arsenicum album*.

- Nas queimaduras de 1.º, 2.º e 3.º grau, com eritema (vermelhidão), e nas causadas pela exposição as sol, usar: *Cantharis*.
- Em qualquer queimadura com supuração, medicar com: *Silicea* ou *Graphites*.

Vômito

- Nos transtornos estomacais, e quando há sensação de peso, de queimação na faringe (pirose) e/ou de pedra no estômago, ou quando os vômitos são violentos, ou durante a gravidez, com náuseas, gastrite e enxaqueca, prescrever: *Nux vomica*.
- Para os vômitos que ocorrem durante uma cefaléia, tomar: Ipeca ou *Pulsatilla*.
- Quando há vômitos e diarréia simultâneos ou vômitos com bílis, medicar com: *Arsenicum album*.
- Nos vômitos com bílis, utilizar: *Mercurius solubilis*.
- Se os vômitos forem biliosos, negros e sanguinolentos, utilizar: *Veratrum album*.
- Quando há disfunções do estômago, tendência à eructação persistente por anos, indigestão, asco, náusea, vômito, sensação de plenitude, e quando os vômitos não aliviam ou quando há sensação de vazio que não melhora ao comer, tomar: *Antimonium crudum*.

Observações

- O medicamento *China* também é usado para as conseqüências de perdas de fluídos (vômito, diarréia, sudorese intensa), principalmente na hemorragia e na anemia pós-hemorrágica.
- *Magnésia phosphorica* é usado para dores em geral.
- *Arsenicum album* fornece alívio para os estados agonizantes.
- *Aconitum* é útil também nos casos de pânico de qualquer origem, até mesmo quando o pânico é causado por sintoma clínico.

INTERMAÇÃO, INSOLAÇÃO E DESIDRATAÇÃO

Intermação, insolação e desidratação são desequilíbrios provocados pela ação prolongada do calor sobre o organismo. A intermação decorre da ação do calor em ambientes pouco arejados, durante um trabalho muscular intenso; a insolação decorre da incidência excessiva de raios solares diretamente sobre o indivíduo; a desidratação é a perda ou deficiência de água e de sais minerais.

Alguns fatores contribuem para o surgimento ou agravamento desses desequilíbrios:

- *Umidade*: quanto maior a umidade relativa do ar, mais difícil será a evaporação cutânea e conseqüentemente o corpo acumulará maior quantidade de calor.

- *Falta de ventilação*: sem circulação constante do ar, o resfriamento do corpo torna-se difícil, causando intermação sobretudo em pessoas que trabalham em fundições, em padarias ou próximo a caldeiras.

- *Atividade física*: como a atividade aumenta a produção de calor pelo organismo e a fadiga muscular acumula substâncias tóxicas nos tecidos, a associação desses fatores predispõe o aparecimento desses desequilíbrios.

- *Alimentação excessiva*: o processo de metabolização dos alimentos aumenta a temperatura do organismo.

- *Vestuário inadequado*: roupas escuras e de lã aumentam o acúmulo de calor.

A desidratação, além desses fatores, pode ter as seguintes causas:

♦ vômitos excessivos
♦ diarréias
♦ transpiração abundante
♦ diurese muito freqüente
♦ queimaduras
♦ pouca ingestão de líquidos

Sintomas

Os sintomas desses desequilíbrios são muito variados e podem aparecer de forma abrupta, levando o indivíduo a subitamente cair no chão desacordado. Em casos graves, além da palidez, pode haver elevação da temperatura corporal (pode chegar a 42°C), insuficiência respiratória, cianose e coma.

A intermação costuma trazer os seguintes sintomas:

♦ dor de cabeça e náuseas
♦ palidez acentuada
♦ transpiração excessiva
♦ pulso rápido e fraco
♦ temperatura do corpo normal, ou ligeiramente elevada
♦ câimbra no abdômen ou nas pernas
♦ perda da consciência

A insolação costuma trazer os seguintes sintomas:

♦ pele avermelhada e quente
♦ pulso rápido e forte
♦ dor de cabeça acentuada
♦ sede intensa
♦ febre alta
♦ dificuldade para respirar
♦ perda da consciência

118

A desidratação pode ser progressiva, e em cada grau apresentar diferentes sintomas:

Desidratação de 1 a 5% *	Desidratação de 6 a 10%	Desidratação de 11 a 25%
sede	dor de cabeça	delírio
desconforto	vertigem	língua enrolada
letargia	boca seca	espasmos
impaciência	tremor nos membros	surdez
falta de apetite	pele azulada	visão escurecida
pele avermelhada	fala enrolada	falta de tato
pulso crescente	dificuldade para respirar	murchamento da pele
náusea	dificuldade para andar	incapacidade de engolir
fraqueza	visão embaralhada	morte

* Porcentagem sobre o total de água existente no corpo.

Atendimento emergencial em intermação e em insolação

- Leve o paciente para um lugar bem arejado e fresco e coloque-o deitado com o tronco levemente elevado.
- Desaperte suas roupas para refrescá-lo mais e aplique compressas úmidas e frias sobre sua cabeça.
- Se houver possibilidade, ligue um ventilador, dirigindo a corrente de ar para o corpo do paciente.
- Se necessário, dê um banho fresco no paciente.
- Meça a temperatura corporal do paciente de 15 em 15 minutos, para evitar o resfriamento brusco do corpo.
- Se houver parada respiratória, inicie a respiração boca-a-boca; se houver ausência de pulso, faça massagem cardíaca externa, associada à respiração de socorro e remova imediatamente a pessoa para o hospital mais próximo.

Atendimento emergencial em desidratação

- Dê ao paciente, durante todo o dia, pequenas doses de soro caseiro feito com uma pitada de sal, uma colher de sopa rasa de açúcar e um litro de água.
- No caso de vômitos, coloque uma pedra de gelo na boca do paciente ou dê a ele uma colher de sopa de água bem gelada. Isso pode ser feito para acalmar a mucosa estomacal antes da ingestão de líquidos.
- Encaminhe os casos mais graves a atendimento especializado.

INTOXICAÇÃO AGUDA

Intoxicação aguda é a introdução no organismo de substâncias que por sua natureza e/ou quantidade causam alterações metabólicas (neurológicas, respiratórias, circulatórias e/ou digestivas) e colocam em risco a vida da pessoa. Pode resultar em doença grave ou morte em poucas horas.

As substâncias tóxicas — químicas ou naturais — penetram no organismo por quatro vias:

- oral
- nasal
- cutânea
- ocular

A gravidade do caso vai depender do tipo e da quantidade de substância tóxica em contato com o organismo, do tempo de exposição e da idade e condições físicas da pessoa acometida. Com socorro rápido e eficiente, a grande maioria dos acidentados pode ser salva.

Como identificar casos de intoxicação

Segundo Paracelsus, a dose é que diferencia um veneno de um remédio. Assim, em princípio qualquer substância pode causar intoxicação e, portanto, os sinais e sintomas são extremamente variáveis.

Pode-se suspeitar de intoxicação quando, a um quadro clínico agudo e inexplicado, se associam evidências de exposição a dada substância.

Mesmo sem histórico de exposição, suspeita-se de envenenamento quando há:

- alterações psicomotoras em crianças;
- transição brusca do estado de saúde para o extremo sofrimento orgânico e risco de vida.

Primeiros socorros

Cuidados gerais

- Antes de obter a história clínica da pessoa acometida, verificar se ela está viva e se corre risco de vida. Essa avaliação do estado geral, ainda que sumária, é fundamental para orientar o restante do atendimento de socorro; consiste em verificar se a pessoa respira e se o seu coração está batendo. O batimento cardíaco pode ser observado colocando-se o dedo indicador e o médio na lateral do pescoço do acidentado (pouco abaixo do pomo-de-adão) e procurando perceber se há pulsação das artérias carótidas. A ausência de pulsação pode indicar parada cardíaca.

- Observar se há manifestações que sinalizam risco de vida:
  - lábios e extremidades arroxeados;
  - respiração rápida, com mais de 60 movimentos respiratórios por minuto (na avaliação da freqüência respiratória só um movimento, inspiratório ou expiratório, deve ser considerado para efeito de contagem);
  - abalos musculares repetidos e freqüentes;
  - pulso arterial com freqüência superior a 200 bpm ou inferior a 40 bpm (batimentos por minuto);
  - falta de ar associada a pele úmida, fria e pegajosa;
  - diminuição progressiva do estado de desperto;
  - pupilas dilatadas e fixas.

- Praticar respiração artificial, se necessário. Atenção: no caso de intoxicação por ingestão de ácidos, soda cáustica ou cianeto, a respiração boca-a-boca não deve ser aplicada. Usar o método Silvester modificado:
  - desobstruir a boca e a garganta da pessoa, fazendo a tração da língua e retirando corpos estranhos (goma de mascar, restos de alimentos, dentadura, etc.) e secreção;
  - deitá-la de costas;
  - afrouxar-lhe as roupas, deixando livres pescoço, tórax e abdômen;
  - elevar o tórax da pessoa com auxílio de um travesseiro, cobertor, casaco ou pilha de jornal, inclinando sua cabeça para trás;

- ajoelhar-se e colocar a cabeça da pessoa entre suas pernas;
- segurando-lhe os punhos, trazer os braços dela para trás e para junto de suas pernas;
- repetir ritmicamente o movimento dos braços até que a respiração se restabeleça.
- Se o acidentado respira, deitá-lo de lado.
- Retirar-lhe mucos e secreções que dificultem a respiração.
- Desobstruir-lhe as vias aéreas; para isso, levantar suavemente o queixo do acidentado, remover objetos estranhos de sua boca e certificar-se de que sua língua não está impedindo a passagem de ar.
- Encaminhar o acidentado, com urgência, para atendimento médico especializado.
- Colher informações relevantes, tais como o nome do elemento tóxico, a via de absorção (oral, cutânea, nasal ou ocular), a quantidade de material absorvido e o tempo decorrido desde o envenenamento até o aparecimento dos sintomas, bem como até o aparecimento do socorro.

Observações

- Quando se presta socorro, é preciso detectar as necessidades prioritárias. Por exemplo, se alguém houver ingerido grande quantidade de um medicamento e tiver uma parada cardiorrespiratória durante o socorro, todos os esforços devem ser orientados para essa situação imediata e de grande urgência.
- O princípio fundamental numa intoxicação é cessar a exposição da pessoa ao agente tóxico, afastando-a do lugar contaminado ou retirando o veneno do seu organismo.
- Para auxiliar a identificação da substância tóxica não conhecida, recolher e enviar, junto com a pessoa, todos os frascos e objetos com que ela possa ter tido contato recente. Dados sobre a ocupação profissional do acidentado também podem ajudar nessa identificação.

Condutas de socorro em intoxicação pela pele e mucosas

- Lavar o local afetado com água corrente abundante. Caso os olhos sejam afetados, lavá-los com água fria corrente por no mínimo

15 minutos e encaminhar o acidentado a um serviço de oftalmologia.

+ Remover as vestes da pessoa e colocá-la sob água corrente.
+ Cuidar do escoamento da água de lavagem, para evitar danos ambientais.

Observações

+ A lavagem do corpo é fundamental e deve ser demorada e cuidadosa; recomenda-se ao socorrista o uso de luvas impermeáveis.
+ Não é necessário utilizar soluções especiais na lavagem, sabão neutro é suficiente. Escovas, se usadas, devem ser macias, para evitar escoriações na pele e a absorção das substâncias tóxicas.

Condutas de socorro em intoxicação por via nasal

+ Remover a pessoa para um lugar arejado. Agir rapidamente, pois a permanência no ambiente contaminado pode implicar risco de intoxicação também do socorrista.
+ Afrouxar as roupas do acidentado para facilitar sua respiração.
+ Após avaliação do estado geral do acidentado, proceder à lavagem corporal com remoção das vestes, já que a contaminação cutânea é freqüente nesses casos.
+ Aplicar, se necessária, a respiração artificial (a respiração boca-a-boca é contra-indicada).
+ Manter a pessoa agasalhada e quieta, e encaminhá-la para um hospital, se necessário.

Condutas de socorro em intoxicação por via oral

Ingestão de tóxicos não-cáusticos e não derivados de petróleo

+ Se o acidentado estiver consciente, proceder ao esvaziamento gástrico, pela indução de vômito. Quanto maior o intervalo entre a ingestão e a indução do vômito, menor será a eficácia dessa manobra. A indicação do esvaziamento do estômago é questionada quando o intervalo entre a ingestão e a indução do vômito for superior a 6 horas.

Técnicas para a indução do vômito:

- Excitação da parede posterior da garganta (faringe): para isso, pode-se introduzir na boca do acidentado um objeto envolto em pano limpo (dedo, colher, espátula, etc.) e massagear a faringe.
- Ingestão de detergente líquido fraco (usado na lavagem de pratos): 1 colher de sopa em meio copo d'água.
- Ingestão de Xarope de Ipeca seguido de um copo d'água. Dosagem: crianças de 6 meses a 12 meses de idade: 5-10 ml; crianças de 1 a 12 anos de idade: 15 ml; adultos: 30 ml. O Xarope de Ipeca geralmente provoca vômito em até 20 minutos; se após 30 minutos o vômito não tiver ocorrido, nova dose poderá ser dada.

Ingestão de cáusticos

- Não provocar vômito, já que o refluxo da substância tende a agravar ainda mais as lesões causadas pela ingestão.
- Não usar laxantes, pois podem aumentar a extensão da lesão intestinal.
- Usar substâncias que formam uma espécie de película sobre a mucosa digestiva (substâncias demulcentes): água albuminosa (4 claras de ovo misturadas em 1 litro d'água), leite ou azeite de oliva. Essas substâncias devem ser ingeridas aos poucos, para evitar vômito.
- Encaminhar o acidentado ao serviço médico.

Ingestão de derivados de petróleo

- Não provocar vômito.
- Dar de beber água com bicarbonato de sódio.
- Encaminhar o acidentado ao serviço médico.

Ingestão de inseticidas e pesticidas

- Além da indução de vômito, administrar laxantes.
- O acidentado não deve ingerir leite ou substâncias gordurosas após a contaminação, pois elas aumentam a absorção do veneno.

Casos em que a indução do vômito é contra-indicada
- Quando há diminuição do nível de consciência do acidentado.
- Quando ele se encontrar sonolento, desacordado ou desorientado psiquicamente.
- Em convulsões.
- Em ingestão de cáusticos (corrosivos, como soda cáustica, água sanitária, etc.).
- Em ingestão de derivados de petróleo (gasolina, querosene, colas, tintas, etc.).

Uso de laxantes
- Substâncias laxantes, como o hidróxido de magnésio, aceleram a eliminação do tóxico do tubo digestivo e devem ser usadas nas doses em geral recomendadas.

Uso de antídotos
- Só é recomendável o uso de antídoto se o socorrista souber que droga provocou o envenenamento e estiver seguro de estar aplicando o antídoto certo.

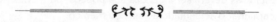

QUEIMADURAS

Queimaduras são lesões no organismo provocadas pelo fogo ou calor. A prevenção de uma queimadura é mais fácil que seu tratamento. Muitas vezes elas deixam seqüelas inevitáveis, mesmo se tiverem sido tratadas dentro da mais moderna tecnologia e pela equipe mais competente. Uma campanha educativa que ensinasse à população medidas de segurança poderia evitar muito sofrimento desnecessário.

Há condutas de socorro popularmente difundidas que não só dificultam uma melhor avaliação da profundidade da queimadura, como também podem contribuir para agravar o quadro infeccioso do paciente. É o que se dá, por exemplo, com o uso de certas substâncias, como pasta de dente ou manteiga sobre a queimadura.

Para socorrer ou tratar adequadamente uma pessoa que tenha sofrido queimaduras é importante considerar os seguintes elementos:

- agentes causadores da queimadura
- ambiente de ocorrência do acidente
- extensão da área queimada
- profundidade das queimaduras
- idade do acidentado
- doenças preexistentes

Agentes causadores da queimadura

É da maior importância identificar o agente responsável pela queimadura, pois essa informação, em conjunto com outras, pode indicar-nos o tipo de conduta de socorro a ser aplicado. Os principais agentes responsáveis por queimaduras são:

- líquidos quentes
- energia elétrica
- líquidos inflamáveis

- fogos de artifício
- gás de cozinha
- substâncias químicas

Líquidos quentes

São responsáveis por 45% das queimaduras.

Água quente, chá e *café* são agentes de cerca de 30% das queimaduras em geral, e os principais agentes de queimaduras em crianças (aproximadamente 50%). Dada a freqüência com que causam acidentes, seu estudo seria de relevância em qualquer campanha preventiva que se fizesse. Embora as queimaduras decorrentes de sua ação sejam geralmente de pouca profundidade, costumam ser extensas.

Óleos e outros líquidos quentes, apesar de serem agentes menos freqüentes, causam queimaduras mais profundas.

- **Conduta de socorro imediata:** colocar compressa de água fria, o que contribui para aliviar a dor e impedir o aprofundamento das queimaduras.

Líquidos inflamáveis

São responsáveis por 34% das queimaduras. As que provocam são geralmente graves, profundas, deixam seqüelas e cicatrizes e podem levar à morte.

O *álcool* é o líquido inflamável que mais causa acidentes; isso é atribuído ao seu uso freqüente e muitas vezes inadequado, ao fato de sua chama ser pouco perceptível e ao tipo de sua embalagem comercial, propícia a explosões.

A *gasolina* e o *querosene* também têm destaque como agentes de queimaduras. As ocasionadas por querosene inflamado têm aumentado nos últimos anos, devido a alterações realizadas em sua composição química.

Há também o *solvente de tinta*, que causa um número não muito expressivo de acidentes, mas cujo grande poder combustível provoca lesões bastante profundas, ocasionando morte em mais de 90% dos casos, ou seqüelas graves.

- **Conduta de socorro imediata:** apagar a chama, preferivelmente abafando-a com um cobertor umedecido com água fria. Se isso não for possível, deve-se dar ao acidentado instruções para não correr, mas sim, rolar no chão. Em seguida, colocar compressas de água fria sobre a área corporal atingida pelo fogo.

Gás de cozinha

Devido à má conservação dos botijões de gás, o número de acidentes provocados por eles vem aumentando. Atualmente, cerca de 12% das queimaduras são causadas por esse agente. Os acidentes são em geral graves e com elevado índice de mortalidade.

Energia elétrica

As queimaduras por eletricidade são decorrentes da descarga elétrica sobre a pessoa. Geralmente a corrente elétrica causa lesões em todo o seu percurso, podendo afetar vários tecidos, tais como: vasos, nervos, músculos e ossos. Pode ocasionar a perda de um membro ou de parte dele. Além disso, na área do corpo que está em contato com o solo onde a corrente se descarrega, normalmente surgem lesões com significativa gravidade.

Um tipo de acidente que ocorre com certa freqüência é o da criança que coloca na boca uma extensão da tomada e recebe uma descarga elétrica, com maior ou menor perda da substância dos lábios.

♦ **Conduta de socorro imediata:** colocar compressas de água fria sobre esse tipo de queimadura.

Fogos de artifício

Os fogos de artifício têm grande poder explosivo e causam queimaduras graves. Quando a sua explosão é antecipada, provocam quase sempre a perda de partes do corpo, como, por exemplo, da mão.

Substâncias químicas

As queimaduras por substância química ocorrem com freqüência no ambiente doméstico, especialmente quando produtos de limpeza são deixados ao alcance de crianças. Também ocorrem acidentalmente em ambientes de trabalho.

♦ **Conduta de socorro imediata:** colocar a área afetada sob água corrente por volta de meia hora, e não utilizar qualquer outro tipo de substância além da água para amenizar a dor.

Ambiente de ocorrência do acidente

Algumas informações relativas ao ambiente em que o acidente ocorreu podem ser úteis para o encaminhamento do queimado:

- Se o ambiente é aberto ou fechado. Se as queimaduras se deram por chamas em ambiente fechado, pode também ter havido intoxicação pelas vias respiratórias, com ou sem lesão da mucosa brônquica, o que agravaria seriamente o seu prognóstico. Em tais casos, a primeira providência é levar o paciente para um lugar arejado e afrouxar suas roupas.
- Se o ambiente é limpo ou contaminado. Esse dado indica a necessidade ou não do uso de antibióticos a fim de evitar infecções e tétano.

Extensão da área queimada

A determinação da área atingida é fundamental para o tratamento da queimadura. A extensão da área queimada serve como indicador da gravidade de uma queimadura e da hidratação que deverá ser feita no paciente.

Um método prático, que dá uma idéia aproximada do percentual da área comprometida, é a "regra dos nove" (método Benkow).

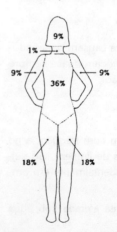

- cabeça: 9% da superfície do corpo
- pescoço: 1% da superfície do corpo
- membro superior esquerdo: 9% da superfície do corpo
- membro superior direito: 9% da superfície do corpo
- tórax (frente): 9% da superfície do corpo
- tórax (costas): 9% da superfície do corpo
- abdômen (frente): 9% da superfície do corpo
- região lombar (costas): 9% da superfície do corpo
- membro inferior esquerdo: 18% da superfície do corpo
- membro inferior direito: 18% da superfície do corpo

Profundidade das queimaduras

A profundidade de uma queimadura é também um indicador de sua gravidade. De acordo com a profundidade, as queimaduras podem ser classificadas em 1.º, em 2.º e em 3.º grau:

- as queimaduras de 1.º grau são as mais superficiais e comprometem apenas a camada epidérmica, caracterizando-se por apresentar apenas hiperemia (abundância de sangue, o que provoca vermelhidão), dor e discreto edema. Geralmente são de pouca gravidade e o seu tratamento imediato limita-se ao uso de compressas de água fria com a finalidade de aliviar a dor. Cicatrizam-se espontaneamente em cerca de 8 a 10 dias. Apenas as mais extensas, que comprometem mais de 50% da área corporal, necessitam de cuidados especiais;

- as queimaduras de 2.º grau compreendem a epiderme e parte da camada dérmica e, pelo maior ou menor comprometimento dessa camada, podem ser superficiais ou profundas. Caracterizam-se pela presença de bolhas, dor e edema pronunciado. Caso não haja infecção (a infecção contribui para o agravamento da queimadura, podendo transformá-la em uma de 3.º grau), levam de 15 a 25 dias para cicatrizarem-se espontaneamente, a depender da profundidade;

- as queimaduras de 3.º grau caracterizam-se pela destruição de toda a espessura da pele, que se apresenta esbranquiçada, seca e dura. A dor geralmente não é muito intensa, devido à destruição das terminações nervosas.

Ressalte-se que nem sempre essas características são bem evidenciadas. Em muitos casos só se tem certeza da profundidade da queimadura por volta da terceira semana, uma vez que as de 2.º grau se cicatrizam espontaneamente e as de 3.º grau se apresentam como uma área cruenta, cujo tratamento exige a colocação de enxertos de pele.

Idade do acidentado

A idade do acidentado é uma informação básica para o prognóstico da queimadura. Se o acidentado se encontra nos primeiros anos de vida ou se tem mais de 55 anos, o prognóstico é agravado.

Doenças preexistentes

Convém investigar a existência de doenças antes da ocorrência de queimaduras, especialmente em relação à diabete e às doenças do coração, do rim e do fígado, que podem comprometer a recuperação do paciente.

Tratamento do paciente queimado

O tratamento do paciente queimado é determinado pela gravidade da queimadura. Para identificar o grau de gravidade de uma queimadura, leva-se em consideração, como já foi dito, a sua profundidade e a sua extensão. De acordo com a gravidade, as queimaduras podem ser classificadas em pequena gravidade, gravidade média e graves.

Queimaduras de pequena gravidade

São consideradas de pequena gravidade, as queimaduras de 1.º grau de no máximo 30% da área corporal, as de 2.º grau de no máximo 15% da área corporal, e as de 3.º grau de no máximo 1% da área corporal, que requerem os cuidados iniciais já referidos (colocação de compressas de água fria por 30 a 40 minutos).

Além disso, deve-se deixar a queimadura descoberta, em um ambiente limpo, livre de poeira e de moscas e oferecer bastante líquido ao paciente. As bolhas devem ser mantidas inteiras até o ponto em que se rompem espontaneamente, momento em que devem ser removidas da pele e ter o líquido drenado. Nessa fase é aconselhável borrifar a área queimada com uma solução de mercuriocromo, a fim de manter a ferida seca e com uma fina película protetora. Caso não se cicatrize em 8 dias, deve-se procurar um serviço especializado.

Queimaduras de gravidade média

As queimaduras de média gravidade são as de 1.º grau em mais de 40% da superfície do corpo, as de 2.º grau entre 15% e 30% e as de 3.º grau até 10%. Nesses casos, o paciente deverá ser levado a um serviço especializado, mas poderá ser tratado ambulatorialmente, com curativos em dias alternados e com boa hidratação por via oral. Os com queimaduras de

3.º grau deverão ser internados na fase de tratamento da área cruenta, em torno de 20 dias após a queimadura.

Queimaduras graves

São as de 2.º grau em mais de 30% da superfície corporal e as de 3.º grau, em mais de 10%. Devem ser tratadas em ambiente hospitalar, com acompanhamento médico especializado.

Observações

- As queimaduras que atingem face, genitais, pés e mãos, bem como as causadas por choque elétrico, devem ser tratadas como queimaduras especiais, recebendo o acompanhamento de perto de um especialista no assunto.

- Todo paciente *grande queimado* (adulto com 30% da superfície corporal queimada, ou criança com 20% da superfície corporal queimada) deve ser levado imediatamente a um serviço especializado.

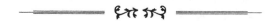

REANIMAÇÃO CARDIORRESPIRATÓRIA

O oxigênio é elemento fundamental para a vida do organismo humano e torna-se disponível através da captação feita pelo aparelho respiratório e da distribuição feita pelo coração, que bombeia o sangue oxigenado para as diversas regiões do corpo.

Os movimentos respiratórios e os batimentos cardíacos estão intimamente ligados e, por isso, quando alguém sofre uma parada respiratória — por obstrução das vias aéreas, por deficiência de oxigênio atmosférico (ambientes com fumaça, etc.), por choque elétrico, envenenamento, afogamento ou outra causa —, em seguida o ritmo do batimento cardíaco é interrompido ou alterado. Além disso, quando uma pessoa tem parada cardíaca, logo surgem alterações no seu ritmo respiratório.

A sensibilidade dos órgãos do corpo à falta de sangue varia: a pele, os músculos e os ossos podem sobreviver de 2 a 3 horas sem receber sangue; o fígado, o baço, os rins e os órgãos do sistema digestivo, de 1 a 1 hora e meia; mas o coração, o pulmão e o cérebro, de 4 a 6 minutos apenas. Assim, após a parada cardíaca, o tempo de vida de uma pessoa pode ser de 4 a 6 minutos se nenhum auxílio lhe for dado. As células do cérebro começarão a perecer, e a partir de então a morte de todo o corpo é irreversível.

Os principais sintomas de uma parada cardiorrespiratória são perda de consciência, paralisação dos movimentos do tórax relativos à respiração, ausência de pulso, dilatação das pupilas e arroxeamento das extremidades do corpo.

Atualmente considera-se a respiração boca-a-boca o método mais eficiente para reativar a respiração de um acidentado. No entanto, quando se trata não apenas de uma parada respiratória mas também cardíaca, a respiração boca-a-boca pode não ser suficiente, pois o oxigênio insuflado nos pulmões pode não atingir as células cerebrais. Junto com ela faz-se, portanto, a massagem cardíaca externa. A massagem cardíaca não substitui integralmente a atividade do coração; apenas força a expulsão do sangue retido nas cavidades desse órgão, mantendo o bastante, cerca de 35% do fluxo sangüíneo, para suprir as necessidades mínimas do cérebro até se chegar a um centro médico equipado.

À aplicação ritmada da respiração boca-a-boca e da massagem cardíaca externa dá-se o nome de *reanimação* ou *ressuscitação cardiorrespiratória*. Essa prática é extenuante e, por isso, o ideal é ser feita por duas ou mais pessoas.

Respiração boca-a-boca

* Virar a cabeça do acidentado para o lado e, rapidamente, desobstruir-lhe a boca. Se for preciso retirar algum objeto (dentes quebrados, dentadura, etc.), usar os dedos enrolados num pano.

* Abrir a passagem do ar, colocando uma mão na testa do acidentado e a outra no seu queixo e inclinando a sua cabeça para trás. Nessa posição, a língua não bloqueia a garganta.

* Se for preciso ampliar a passagem do ar, puxar para a frente o maxilar inferior, para salientá-lo.

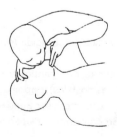

* Ainda com a mão na testa do acidentado, tapar-lhe o nariz, a fim de que o ar não escape ao ser introduzido pela boca.

* Abrir a própria boca e colá-la firmemente na do acidentado. Soprar boa quantidade de ar para dentro dos seus pulmões. Se as vias respiratórias estiverem livres, a resistência será pequena.

- Se o ar estiver chegando aos pulmões do acidentado, o peito dele deve elevar-se. Parar de introduzir ar e procurar ouvir a sua exalação.

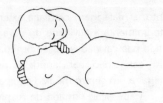

- Repetir a respiração boca-a-boca de 16 a 20 vezes por minuto, até o ritmo respiratório natural do acidentado se restabelecer.
- Providenciar a chamada de auxílio, pedindo a ajuda de alguém, sem interromper as manobras de respiração boca-a-boca.

Massagem cardíaca

Para saber se houve parada cardíaca, colocar o dedo indicador e o médio na lateral do pescoço do acidentado (pouco abaixo do pomo-de-adão) e procurar perceber se há pulsação das artérias carótidas. A ausência de pulsação pode indicar parada cardíaca.

Para verificar se houve parada cardíaca, existem outros procedimentos, como a escuta dos batimentos cardíacos na região do peito do acidentado e a observação da sensibilidade das suas pupilas à luz. É mais recomendável a verificação da pulsação das artérias carótidas, por sua eficácia e para melhor aproveitamento do tempo.

Procedimento

- Deitar o acidentado de costas sobre uma superfície lisa e rígida (por exemplo, o chão).
- Se se tratar de um adulto, colocar a mão aberta três centímetros acima do final do esterno (osso que fica entre as costelas) e apoiar a outra mão, também aberta, sobre ela. Se adolescente, usar apenas uma das mãos para pressionar o esterno. Se criança, usar apenas as pontas dos dedos médio e indicador.

- Pressionar o esterno. Assim, o coração é comprimido entre ele e a coluna vertebral. Com a compressão, o sangue contido no coração é lançado nas artérias.

- Aplicar 70 vezes por minuto, contando mentalmente 101, 102, 103, 104, 105 — para ritmar a massagem — e pressionando o esterno a cada número.

Esse método pode substituir o funcionamento do coração. Todavia, ressalta-se que pode não ser capaz de restaurar o seu ritmo natural. Por isso, o acidentado precisa ser conduzido a um hospital.

Reanimação cardiorrespiratória

Aplicada por um socorrista

- Deitar a pessoa de costas.
- Liberar as vias aéreas (boca, nariz, etc.).
- Verificar a respiração; na sua ausência, fazer duas respirações boca-a-boca.
- Verificar a pulsação nas carótidas, na lateral do pescoço (vide ilustração na página anterior).
- Se não houver pulsação, fazer 15 compressões no esterno.
- Em seguida, fazer duas respirações boca-a-boca.

- Após 4 ciclos de duas respirações boca-a-boca seguidas de 15 compressões, verificar a pulsação.
- Providenciar a chamada de auxílio sem interromper as manobras de reanimação.

Aplicada por dois socorristas

Primeiro socorrista:

- Deitar a pessoa de costas.
- Liberar as vias aéreas (boca, nariz, etc.).
- Verificar a respiração; na sua ausência, fazer duas respirações boca-a-boca.
- Verificar a pulsação nas carótidas, na lateral do pescoço (vide ilustração na página 136).

Segundo socorrista:

- Posicionar-se ao lado do acidentado.
- Colocar as mãos sobre o seu esterno.
- Se for confirmada a ausência de pulsação, fazer 5 compressões no esterno.

Prosseguir a reanimação fazendo uma respiração boca-a-boca (primeiro socorrista), alternada com 5 compressões no esterno (segundo socorrista). O sincronismo dos movimentos dos dois socorristas pode ser ajudado se, após aplicar a respiração boca-a-boca, o primeiro socorrista contar em voz alta 101, 102, 103, 104, 105, de modo que o segundo socorrista regule o número de pressões no esterno com base nessa contagem. Ao fim de 10 ciclos de uma respiração boca-a-boca seguida de 5 compressões, verificar a pulsação. Providenciar a chamada de auxílio sem interromper as manobras de reanimação.

URGÊNCIAS GINECOLÓGICAS

As urgências ginecológicas mais comuns são as hemorragias, os partos e as complicações durante a gravidez. Auxílio de emergência também pode ser necessário em mal-estares decorrentes de dismenorréia (menstruação dolorosa) ou de menopausa.

Hemorragias genitais

Podem ter causa disfuncional ou orgânica.

Considerando-se a menstruação uma hemorragia funcional, qualquer outro sangramento da mucosa uterina (endométrio) sem lesão é um distúrbio da função menstrual, uma hemorragia disfuncional.

Quando há lesão, a hemorragia é dita orgânica, mesmo que comprometa a função dos órgãos genitais.

As hemorragias orgânicas são ocasionadas por:

+ tumores do útero (benignos e malignos) — a principal causa de hemorragia uterina orgânica é o mioma. Seu sintoma mais comum é o sangramento endometrial anormal, mas também se manifestam: dor local e lombar, obstipação e desequilíbrio no ritmo urinário;
+ câncer de endométrio (adenocarcinoma) — seus sintomas são: perda de líquidos serosos, mucosos ou mistos, e hemorragias uterinas periódicas pouco influenciáveis pelo repouso;
+ câncer do útero (sarcoma) — seus sintomas são: hemorragia irregular, leucorréia, febre, dor e tumor uterino;
+ câncer do colo do útero — raramente produz hemorragias copiosas que necessitem atendimento de urgência;
+ tumores do ovário — geralmente não causam hemorragias uterinas abundantes;

- inflamação da mucosa uterina (endometriose);
- afecções da vulva, vagina e trompas;
- reações pós-cirúrgicas;
- complicações da gravidez.

Observação: As perdas sangüíneas pré-menopausa e pós-menopausa deverão ser pesquisadas tendo em vista a grande incidência de tumores do tipo adenocarcinoma de endométrio na menopausa. O sangramento pós-menopausa costuma ser de origem maligna.

O diagnóstico diferencial das hemorragias disfuncionais e orgânicas é feito por exames complementares:
- ultra-sonografia
- histerossalpingografia
- biopsia ou curetagem
- dosagens hormonais

Atendimento emergencial

Exceto quando intensa, a hemorragia disfuncional não necessita de atendimento de urgência. Raramente ela é intensa e copiosa.

Nas hemorragias orgânicas com sangramento intenso deve-se proceder da seguinte maneira:
- controlar os sinais vitais da paciente;
- colocá-la em repouso absoluto até encaminhá-la para um hospital.

Complicações da gravidez

Abortamento

É uma das complicações mais comuns no 1.º trimestre da gravidez. Resulta na expulsão do feto antes da 22.ª semana de gestação.

A paciente apresenta dor e pequeno sangramento de coloração viva.

Atendimento emergencial

- Controle de sinais vitais.
- Controle rigoroso de sangramento vaginal.
- Repouso absoluto da paciente no leito até que se possa encaminhá-la para um hospital.

Descolamento prematuro de placenta

É um acidente em que a placenta se descola das paredes uterinas, parcial ou totalmente, antes da expulsão do feto. Pode ser causado por queda ou traumatismos sobre o abdômen, doença hipertensiva da gestação ou cordão umbilical muito curto.

Seus sintomas são:

- aumento do volume uterino (hipertonia uterina)
- sangramento escuro com presença de coágulos
- dor abdominal intensa e persistente
- agitação
- alteração da freqüência cardíaca fetal

Atendimento emergencial

- Colocar a paciente em repouso.
- Prevenir o estado de choque.
- Controlar os sinais vitais, a altura uterina e a diurese.
- Encaminhar a paciente para serviço médico especializado.

Placenta prévia

Caracteriza-se pela inserção baixa da placenta. Durante o trabalho de parto, a medida que o colo uterino vai-se dilatando, a placenta, que ocupa total ou parcialmente o orifício do colo, vai-se deslocando e sangrando. Se a placenta prévia é total, impede a passagem do feto.

A causa dessa complicação é desconhecida, mas existem os fatores predisponentes, alguns dos quais estão citados a seguir:

- partos anteriores com mais de uma criança (multiparidade)
- antecedentes de aborto e curetagem
- cicatrizes uterinas
- más-formações uterinas

O principal sintoma é hemorragia com sangramento vivo e indolor.

Atendimento emergencial

- Repouso absoluto da paciente no leito, com os membros inferiores em posição mais elevada que o restante do corpo, até que se possa encaminhá-la para um hospital.
- Prover dieta adequada para a reposição de líquidos perdidos em hemorragia.

Rotura uterina

Consiste na rotura das paredes do útero durante a gestação ou no trabalho de parto. É um acidente gravíssimo que requer diagnóstico e tratamento imediato. Pode ser causado por traumatismos ou por rompimento de cicatriz de cesárea anterior.

Seus sinais e sintomas são:
- dor intensa
- hemorragia
- estado de choque
- relaxamento uterino
- percepção do feto móvel sob a pele

Atendimento emergencial
- Observar o estado geral da paciente.
- Controlar o estado de choque.
- Colocar a paciente em repouso absoluto no leito até encaminhá-la para um hospital.

Partos

Após a fecundação — união do óvulo com o espermatozóide —, o novo ser começa a se desenvolver dentro do útero materno. Após 9 meses de gestação, haverá a expulsão do bebê para o meio externo através do parto. A grande maioria dos casos se resolve espontaneamente, apenas com assistência de médico ou parteira. No entanto, nas situações em que não haja condição de transporte da parturiente ao hospital ou quando o parto acontece no caminho, é preciso certo treinamento para assisti-lo.

No final da gestação, a parturiente começa a apresentar sinais e sintomas que são indicativos do início do trabalho de parto:
- contração uterina freqüente e de forte intensidade
- saída de pequena secreção vaginal sanguinolenta
- saída de água pela vagina (ruptura da bolsa das águas)
- sensação intensa de evacuação

Nessas condições, o trabalho de parto está-se iniciando, e então deve-se agir conforme as seguintes condutas:

1. Quando as dores se intensificam e passam a ocorrer em intervalos menores, pedir à parturiente que evacue e urine, pois no momento

do nascimento do bebê a bexiga será comprimida, juntamente com o reto, propiciando a saída de urina e de material fecal, o que gera risco de infecção.

2. Colocar a parturiente deitada de costas, com os joelhos elevados e as pernas afastadas uma da outra. Pedir-lhe que contenha a respiração e faça força de expulsão toda vez que sentir uma contração uterina.

3. Lavar bem as mãos.

4. Cobrir o ânus da parturiente com um pano limpo para diminuir a possibilidade de contaminação com material fecal.

5. À medida que o parto progride, ver-se-á cada vez mais a cabeça do feto nas contrações. Ter paciência e esperar que a natureza prossiga seu curso. Nunca tentar puxar a cabeça da criança para apressar o parto.

6. À medida que a cabeça for saindo, apenas ampará-la com as mãos, sem imprimir nenhum movimento, apenas sustentá-la.

7. Depois de sair totalmente a cabeça, a criança fará um pequeno movimento de giro e, então, sairão rapidamente o ombro e o resto do corpo. Sustentá-lo com cuidado. Nunca puxar a criança, nem o cordão umbilical; deixar que a mãe expulse naturalmente o bebê.

8. Nascida a criança, limpar apenas o muco do nariz e a boca com gaze ou pano limpo e assegurar-se de que o bebê começou a respirar. Se ele não chorar ou respirar, segurá-lo de cabeça para baixo, pelas pernas, com cuidado para que não escorregue. Dar-lhe alguns tapinhas nas costas para estimular a respiração. Dessa forma, todo o líquido que estiver impedindo a respiração sairá.

9. Se o bebê ainda assim não respirar, fazer respiração artificial delicadamente, insuflando apenas o volume suficiente para elevar-lhe o tórax como ocorre em um movimento respiratório normal.

10. Preparar-se para cortar o cordão umbilical da criança. Deitá-la de costas e, com um fio previamente fervido, fazer dois nós no cordão umbilical. O primeiro a aproximadamente quatro dedos da criança e o segundo distante 5 cm do primeiro. Cortar entre os dois nós com uma tesoura, lâmina ou outro objeto esterilizado.

11. O cordão umbilical sairá, junto com a placenta, cerca de 20 minutos após o nascimento.

12. Depois da saída da placenta, fazer massagem suave sobre o abdômen da paciente para provocar a contração espontânea do útero e diminuir a hemorragia, que é normal após o parto.

13. Transportar a paciente e a criança para um hospital para complementação assistencial médica. Transportar também a placenta, para que o médico possa verificar se ela saiu completamente ou se sobraram restos dentro do útero materno.

Cuidados com o recém-nascido

- O recém-nascido (ou recém-nato) deve ser recebido em lugar esterilizado, com a cabeça mais baixa do que o corpo e a nuca apoiada para evitar a deglutição do líquido amniótico e de secreção.
- Colocá-lo com a cabeça virada de lado em berço aquecido. O aquecimento constitui-se numa das necessidades mais importantes do recém-nato durante as primeiras horas de vida. Para que ele se adapte ao novo ambiente, deverá permanecer em berço aquecido de 3 a 4 horas.
- Observar o coto umbilical durante as primeiras horas, para prevenir hemorragias.

Enquanto os primeiros cuidados são prestados, realiza-se a avaliação do recém-nato seguindo a tabela elaborada por Virgínia Apgar em 1952. A avaliação é feita no primeiro minuto e no quinto minuto de vida.

Escala de Apgar

Sinais	0	1	2
Freqüência cardíaca	ausente	menos de 100	mais de 100
Esforço respiratório	ausente	irregular, choro débil	choro forte
Tônus muscular	flacidez	discreta flexão das extremidades	movimentos ativos
Irritabilidade reflexa	ausente	careta	tosse, espirro, choro
Cor da pele	palidez, cianose	cianose das extremidades	rosada

Um recém-nato com escore acima de 7 é considerado vigoroso e abaixo, deprimido.

A oleosidade natural (o vernix caseoso) que recobre a pele do recém-nascido não deve ser retirada, pois protege-o contra o frio. Somente após 24 horas faz-se a primeira higiene do recém-nato.

O único alimento do recém-nato deve ser o leite materno. Não dar chá, nem água, nem outro leite nos intervalos das mamadas no seio. Se houver necessidade de dar água, dá-la com colher de chá ou com conta-gotas, nunca com mamadeira. Incentivar o aleitamento materno.

Importância do aleitamento materno

O leite materno é a alimentação mais importante para o bebê. Por essa razão a criança deve ser levada ao peito já no momento que nasce. Ela se alimenta não somente do leite, mas também do contato que mantém com a mãe, pois cria-se uma comunhão entre a mãe e o filho, e ele se torna mais seguro, protegido e com a certeza de que é bem recebido no novo mundo em que ingressa.

Algumas mulheres acreditam que o leite em pó tem mais vitaminas, que o leite de vaca é mais forte, ou então que ela possui leite fraco. Não é correto esse pensamento. O leite de vaca é especial para o bezerro. Não existe leite materno fraco. A natureza deu à mãe um tipo de leite que contém tudo o que o filho precisa.

A mãe deve dar de mamar toda vez que a criança sentir fome, sem hora marcada e sem pressa, pois o bebê sente maior amor e carinho na tranqüilidade que a mãe lhe transmite enquanto ele sacia sua fome. A amamentação é da maior importância para o bebê, sobretudo até os seis meses. Pode-se dar-lhe de mamar até que tenha um ano de idade.

Estudos provaram que a criança alimentada pelo leite do peito fica cinqüenta vezes menos doente que a alimentada artificialmente. Muitas que morrem no Brasil todos os dias poderiam ser salvas se tomassem leite materno.

Se todas as mães amamentarem seus filhos no peito, haverá uma geração mais inteligente, mais forte, com mais amor, uma geração mais pacífica.

Como aumentar o leite materno

- Fazer durante a gestação massagens nos seios (aumenta a elasticidade).
- Tomar banho de sol nos seios (aumenta a resistência).

- Dar de mamar logo que a criança nasce.
- Dar de mamar em lugar sossegado, à vontade, durante o dia e também durante a noite.
- Alimentar-se corretamente, com líquidos à vontade, leite, sopas, caldo de verduras, verduras, chá de erva-doce, levedo de cerveja, cereais integrais e frutas frescas e secas.
- É bom fazer exercícios. Uma caminhada de meia hora, diariamente, ao ar livre é uma maneira de aumentar o leite.
- Durante a noite, deixar o berço do nenê bem junto à cama da mãe.

Dismenorréia

Dificuldade no escoamento do fluxo menstrual ou menstruação dolorosa. São manifestações sistêmicas que precedem ou acompanham a menstruação, iniciando-se algumas horas antes dela ou coincidindo com o seu aparecimento.

Apesar de variável, é mais comum surgir como crise aguda, com cólicas que costumam ser mais intensas no primeiro dia de menstruação, quando às vezes a mulher necessita ficar de repouso. Raramente ultrapassa 2 ou 3 dias.

São acompanhadas de náuseas, vômitos, fadiga, nervosismo e vertigem.

Durante as crises de cólicas menstruais, podem manifestar-se aumento na freqüência de evacuações, palidez, sudorese e, nos casos mais severos, sincopes e colapsos.

Os dados indicam que 57% das mulheres são ou foram afetadas pela dismenorréia. Destas, 10% permanecem incapacitadas por alguns dias a cada ciclo menstrual.

Classificação

Quanto à intensidade:

- *Leve*: interfere levemente nas atividades diárias da pessoa.
- *Severa*: obriga a pessoa a cancelar compromissos.
- *Muito severa*: faz a pessoa permanecer no leito.

Quanto à fase da vida em que se manifesta:

♦ *Primária*: ocorre em jovens, 6 a 12 meses após a primeira menstruação (menarca), e não é acompanhada de nenhuma condição patológica. Atinge alto índice na faixa entre 18 e 24 anos e raramente persiste após os 30 anos.

♦ *Secundária*: inicia-se mais tarde, vários anos após a menarca. Até então as menstruações eram indolores. Esse tipo de dismenorréia geralmente está relacionado com a presença de doenças pélvicas.

Fatores envolvidos na gênese da dismenorréia

♦ *Fator psíquico*: pode exacerbar a dor, mas não explica a sua causa. Se a mãe apresenta fluxo menstrual doloroso, a tendência à imitação materna pode somatizar-se como uma dismenorréia.

♦ *Fator cervical* (relativo ao colo uterino): pode existir uma obstrução do colo uterino que provoca estagnação do sangue menstrual e torna-se responsável pelos sintomas de dismenorréia. Fala a favor disso o alívio após a dilatação do colo uterino e após o parto.

♦ *Fator endócrino*: dor induzida pelo efeito estimulante sobre a capacidade de contração da musculatura uterina, ou pela diminuição do calibre dos vasos sangüíneos do útero (vasoconstrição uterina) e conseqüente ausência de fluxo de sangue no órgão (isquemia local). Esse efeito é desencadeado por hormônios, tais como a vasopressina e a progesterona. Ocorre apenas no ciclo ovulatório; como a dor é o componente principal, esta deve ser tratada.

Atendimento de urgência

♦ Em cólicas muito severas, manter a pessoa em repouso e aquecida.
♦ Usar bolsa de água quente sobre o abdômen.
♦ Administrar analgésico e/ou antiespasmódico, de preferência de um tipo que a pessoa já tenha usado antes sem produzir efeitos colaterais.

Observação: Em certos casos, há doença pélvica associada às manifestações dolorosas da menstruação, ou seja, trata-se de dismenorréia secundária. O tratamento consiste, então, em solucionar a patologia associada.

Medidas corretivas

- Manter boa higiene genital.
- Manter a área abdominal aquecida.
- Manter o leito aquecido.
- Fazer sauna, ginástica e esporte.
- Mudar de ambiente, se possível.

Climatério

É o conjunto de alterações somáticas e psíquicas que se observam no final do período reprodutor da mulher; normalmente se manifesta como uma fase de transição na sua vida.

A menopausa é o evento marcante no período do climatério e constitui a última menstruação após 6 meses a 1 ano de ausência de fluxo menstrual (amenorréia).

O climatério pode ser normal (assintomático), normal compensado (quando não é acompanhado de sintomas, ou seja, é bem tolerado) ou descompensado.

Manifestações do climatério descompensado

- ondas de calor
- sudorese
- calafrios
- palpitações
- dor de cabeça (cefaléia)
- tonturas
- sensações anormais, tais como formigamento, picada, queimadura, etc. (parestesia)
- insônia
- memória inadequada
- fadiga
- depressão
- ansiedade
- irritabilidade
- corrimento (vagina senil)
- hemorragia uterina disfuncional
- fluxo menstrual pós-menopausa
- atrofia uretral
- incontinência urinária de esforço

Atendimento de urgência

- Colocar a pessoa em ambiente fresco e tranqüilo.
- Oferecer-lhe um banho de ducha, se houver possibilidade.
- Repouso.

Medidas corretivas

- *Cuidados dietéticos*: evitar a obesidade, ter uma dieta hipocalórica, retirar alimentos ricos em colesterol. Dar preferência a alimentos ricos em proteínas e em cálcio, e pobres em açúcares e gorduras.
- *Exercícios físicos*: fazer rotineiramente uma caminhada psicoterápica de apoio.
- *Atividades práticas*: ter uma ocupação que preencha o tempo ocioso de forma útil e abra novas perspectivas de vida.

Prevenção de inflamações genitais

- Saiba que os microorganismos podem ganhar acesso à área reprodutora durante as relações sexuais ou após a cirurgia pélvica, aborto ou parto.
- Insista para que o parceiro use um preservativo na relação sexual se houver qualquer insinuação de infecção.
- Saiba que as usuárias de dispositivos intra-uterinos são mais suscetíveis às infecções.
- Lembre-se de retirar o diafragma dentro de 6 horas após usá-lo.
- Evite absorventes internos.
- Não use absorventes externos e internos por mais de 6 horas; de preferência mude-os de 4 em 4 horas.
- Tenha o adequado cuidado com a área perineal, especialmente o de fazer a limpeza da frente para trás.
- Não faça duchas freqüentemente, pois essa prática irá diminuir a flora natural que pode combater os microorganismos infectantes.
- Use roupas de baixo limpas, frouxas e de algodão.
- Evite sabonetes fortes, banhos de banheira, *sprays*, talcos e desodorantes na área perineal.
- Mantenha boas práticas de saúde, com nutrição adequada, exercícios, controle de peso e relaxamento.
- Consulte um profissional de saúde se notar corrimento ou mau cheiro vaginal incomum.

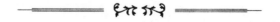

Parte II

CONDUTAS GERAIS

ACIDENTES COM ENERGIA NUCLEAR

Vias de contaminação

Os acidentes com energia nuclear causam sérios danos aos seres humanos e ao meio ambiente. A gravidade desses danos depende da composição química da pluma*. Quando o acidente acontece, as medidas de emergência concentram-se na proteção contra a radiação, denominada *radioproteção*.

Existe grande variedade de composições químicas capazes de produzir emissão radioativa e de gerar acidentes severos. As composições são mais ou menos perigosas, a depender da tecnologia usada no reator e da falha ocorrida.

Com a liberação do material radioativo, as vias de contaminação mais freqüentes são apresentadas a seguir.

Exposição externa por irradiação da pluma

A fissão do átomo de determinadas substâncias, sobretudo gases nobres e iodetos, produz uma irradiação nociva ao organismo, a irradiação de raios gama. Em um acidente nuclear, a nuvem de poeira radioativa emite esses raios, que, absorvidos pelo organismo, são os principais responsáveis pelo que se denomina *dose de corpo inteiro* — dose total de radiação que pode ser recebida por um indivíduo em certo tempo. O cálculo dessa dose

---

* *Pluma*: poeira suspensa contendo elementos radioativos. Nuvem radioativa.

baseia-se em contatos com fontes que emitem radiação acima de um valor estipulado. Ressalte-se que há na natureza inúmeros elementos radioativos cuja irradiação natural não coloca a vida humana em risco.

Os danos causados por esse tipo de contaminação dependem da composição do material radioativo liberado e do tempo de duração da exposição a ele.

Contaminação interna por irradiação de radionuclídeos* da pluma

A irradiação da pluma é capaz de penetrar no interior do organismo humano e, com isso, afetar órgãos e tecidos específicos. Seus efeitos também dependem da composição da pluma e da quantidade de radionuclídeos absorvida.

Exposição externa direta aos produtos de fissão depositados

Após a liberação de radionuclídeos para a atmosfera em um acidente nuclear, as partículas radioativas da pluma tendem a se depositar no solo, na vegetação, nas edificações e na pavimentação. A exposição a essas partículas também implica dose de corpo inteiro. Essa via de contaminação pode reduzir-se ao longo do tempo ou ter que ser controlada por descontaminação da área, a depender da composição da pluma.

Contaminação interna por inalação dos radionuclídeos ressuspensos de seus depósitos

Se não cessar toda movimentação na área de um acidente nuclear ou na área em que os radionuclídeos liberados se depositaram, estes podem voltar à atmosfera. Os radionuclídeos ressuspensos e dispersos na atmosfe-

---

* *Radionuclídeos*: isótopos radioativos de alguns elementos, como o carbono 14, o iodo 131, o césio 134, o césio 137, o cobalto 134, o trítio (isótopo do hidrogênio, de número de massa 3), entre outros. Liberam partículas radioativas no processo de decaimento para isótopos mais estáveis do mesmo elemento.

ra podem ser inalados e, assim, atingir diretamente o interior do organismo humano, contaminando-o.

Exemplo desse tipo de contaminação é a poeira levantada pelos veículos durante a evacuação de uma área contaminada. A ressuspensão dos radionuclídeos pode também ser causada por fatores naturais, como o vento, por exemplo.

Contaminação interna devido à ingestão de água e alimentos contaminados

Os radionuclídeos liberados podem depositar-se sobre alimentos que, ingeridos, contaminam diretamente o organismo. A concentração de elementos radioativos através dos ciclos da cadeia alimentar também contribui para a contaminação por ingestão de material radioativo, pois as pessoas que se alimentam de derivados de animais que, por sua vez, se alimentaram de plantas com radionuclídeos nelas depositados estarão recebendo parte dessa radiação que se concentrou no animal. O leite e a carne são os exemplos mais comuns de alimentos contaminados dessa forma.

Esse tipo de contaminação pode afetar grandes contingentes da população e estender-se por uma área bastante vasta. Em geral, o dano causado por ingestão de água e alimentos contaminados manifesta-se a médio e longo prazo.

As possibilidades de contaminação após um acidente nuclear não são sempre as mesmas. Existe uma mobilidade dos radionuclídeos, ocasionada principalmente pela água, pois, após a deposição das partículas radioativas, a ação da chuva impulsionará alguns elementos contaminantes para os trajetos percorridos pela água na natureza (mares, rios, lagos, nuvens, chuvas, etc.) e, portanto, eles ingressarão nos ciclos hidrológicos próprios da natureza.

Com a introdução dessas partículas nos ciclos hidrológicos, outros fatores têm de ser considerados. As características geomorfológicas determinam, pelas declividades, as possibilidades iniciais de movimentação. A presença de vegetação influencia na proporção de água infiltrada no solo, infiltração que ocasionará a contaminação de águas subterrâneas. Se houver grande escoamento de águas na superfície, a movimentação das partículas arrastadas por elas pode resultar em contaminação direta de rios e lagoas.

Essas particularidades revelam que a contaminação pode evoluir ao longo do tempo, levando ao surgimento de novos focos.

Medidas de proteção

Todo reator nuclear dispõe de barreiras e dispositivos de segurança a fim de impedir a contaminação do ambiente. Como complemento, os planos de emergência devem mitigar os efeitos da contaminação, na hipótese de um acidente severo.

O homem pode ser retirado das regiões mais afetadas por um acidente nuclear, mas o ecossistema — os seres dos demais reinos da natureza — não pode ser protegido das liberações de material contaminado. Para o ecossistema não há medidas de emergência possíveis, apenas a alternativa de descontaminação oferecida pelos técnicos.

Para evitar a contaminação durante um *fallout**, devem ser introduzidas medidas de proteção. Atualmente são dez as medidas disponíveis para radioproteção em caso de acidente severo:

1. Abrigagem.
2. Administração profilática de medicamentos radioprotetores.
3. Proteção do corpo.
4. Proteção respiratória.
5. Descontaminação individual e de recursos materiais.
6. Relocação.
7. Controle de acesso.
8. Controle de alimentos.
9. Descontaminação de áreas e do patrimônio.
10. Evacuação.

Cada uma destas medidas é efetiva contra determinada via de contaminação em certa fase do acidente. Portanto a eficiência delas nos objetivos de radioproteção está relacionada à possibilidade de implementá-las na ordem adequada, de acordo com o tipo de acidente.

Abrigagem

É a mais elementar das medidas, no que diz respeito à sua implementação. Envolve riscos muito pequenos, pois consiste simplesmente em manter as pessoas em ambientes fechados, com as ventilações cobertas o quanto possível.

A abrigagem imediata é a medida apropriada para casos específicos:

---

* *Fallout*: liberação de partículas radioativas em um acidente nuclear.

♦ Em áreas onde há pouco risco de serem atingidas as doses-limites. Nesse caso é medida preventiva.

♦ Em emergências dentro de uma área (uma usina nuclear, por exemplo) onde não são esperadas liberações graves. Nesse caso também é medida preventiva.

♦ Como movimento preliminar a uma evacuação em grande escala. Nesse caso é adotada como medida efetiva.

♦ Em áreas fora da zona de emergência e para onde é previsto certo risco devido ao sentido da circulação atmosférica. Nesse caso também é medida efetiva de proteção.

♦ Como medida efetiva também, em centros comerciais e áreas de trânsito quando há iminente liberação de um *puff**.

Dependendo das características das edificações (materiais de construção empregados, etc.), o efeito de proteção será maior ou menor. Esse efeito de proteção geralmente é expresso em termos de *fator de redução***. Podemos ver na tabela seguinte os fatores de redução para alguns tipos de construção:

Tipo de abrigo	Fator de redução para irradiação de pluma	Fator de redução para irradiação de radionuclídeos depositados
Não abrigado	—	0.7
Casa de madeira	0.9	0.4
Casa de madeira com porão	0.6	0.05
Casa de alvenaria	0.6	0.2
Casa de alvenaria com porão	0.4	0.05
Escritórios e instalações comerciais	0.2	0.02
Escritórios e instalações comerciais com porão	—	0.01

Note-se que a existência de um porão aumenta significativamente a proteção.

---

* *Puff*: nuvem de poeira radioativa decorrente de um vazamento de reator nuclear.

** *Fator de redução*: valor hipotético de diminuição porcentual dos efeitos da radiação, em relação à exposição integral. Quanto menor o valor do fator de redução do abrigo, maior a proteção por este oferecida.

Deve-se ter em mente que a abrigagem não é medida de proteção efetiva em liberações contínuas e demoradas. Mas é medida de fundamental importância para prevenir a contaminação via pluma.

Sob uma liberação radioativa constante, os abrigos têm prazos curtos de eficácia, pois a permanência da pluma tenderá a saturar o abrigo ao fim de algum tempo, anulando o efeito de proteção. Por isso é preciso manter criterioso monitoramento para definir esse limite de saturação e para garantir a eficácia da medida durante um acidente.

É necessário considerar as características das edificações existentes na região afetada. Em áreas de pobreza generalizada, a qualidade das habitações pode impossibilitar a abrigagem domiciliar como medida protetora ou preventiva.

Durante o período de abrigagem deve haver meios de comunicação permanentes, previamente planejados, pelos quais as pessoas receberão informações com regularidade. Essa prática tem importância no controle do pânico, pois o isolamento e/ou confinamento podem gerar ansiedade e tensão. O estresse pode desencadear atitudes que comprometerão a ação de emergência como um todo.

Administração profilática de medicamentos radioprotetores

A administração de medicamentos radioprotetores é medida complementar e não pode substituir nenhuma das demais disponíveis. Todavia, pode ajudar de forma eficaz a mitigar danos à saúde nos casos dos acidentes severos mais graves e na contaminação de alimentos ingeridos pela população.

Essa medida visa bloquear o acesso de elementos radioativos a órgãos específicos do corpo, sobretudo impedir o acesso de iodo radioativo na tireóide. O iodo radioativo (iodo 131) instala-se por absorção fisiológica na glândula tireóide, que normalmente fixa iodo em sua forma estável. A quantidade absorvida pela glândula é regulada pelas necessidades de cada indivíduo. Assim sendo, administra-se o iodo estável numa dose que sature a glândula e evite a fixação do iodo radioativo.

A eficácia dessa medida está relacionada com o número de horas entre a administração do iodo estável e a ingestão ou inalação do iodo 131. O iodo estável deve ser administrado com antecedência mínima de 6 horas antes da exposição ao iodo 131. Recomenda-se, porém, a administração do iodo estável após a ingestão do iodo 131, mas nesse caso o fator de proteção estará entre 30% a 40% apenas.

A dose do iodo estável recomendada em geral é de 100 mg para adultos. Existem referências em que se recomendam doses menores, mas nunca superiores a esse valor.

O iodo estável é encontrado em algumas substâncias de uso farmacológico regular. As mais comuns são o iodeto de potássio (KI) e o iodato de potássio (KIO_3). São necessários 130 mg do primeiro e 170 mg do segundo para que seja alcançada a dose de 100 mg de iodo.

Essa medida não se aplica se houver reações negativas no organismo de indivíduos sensíveis a esses medicamentos. Os efeitos colaterais das substâncias que contêm o iodo estável manifestam-se na tireóide e em outras partes do organismo. Os sintomas mais freqüentes são as reações epidérmicas, náuseas e diarréias.

Proteção do corpo

É uma medida complementar, e não substitui medidas protetoras mais complexas. Tem o objetivo de impedir a contaminação da superfície corporal, evitando que partículas radioativas nela se depositem e sejam absorvidas por ela.

Consiste em proteger-se com vestimentas isolantes normalmente utilizadas no frio ou na chuva. Os casacos, botas, luvas, calças grossas e outras peças de vestuário são de grande utilidade nesse tipo de proteção.

Em países de clima quente e/ou árido, as peças de vestuário não são adequadas para a radioproteção. Essa situação de despreparo pode ser agravada pela pobreza generalizada na área atingida.

Proteção respiratória

Consiste em prevenir a inalação de radionuclídeos em suspensão na atmosfera por meio do uso de materiais comuns, como tecido e papel, disponíveis em ambientes domésticos. Sua eficiência depende da natureza da liberação radioativa e do uso correto dos materiais disponíveis.

Materiais domésticos apropriadamente utilizados podem proporcionar de 70% a 90% de proteção. Essa medida, todavia, não pode ser utilizada por prazos longos; aplica-se apenas a poucas horas, devido à perda da capacidade filtrante do material. Ela deve ser implementada em conjunto com a abrigagem e a administração de iodo.

Na tabela seguinte é mostrada a eficiência média de algumas formas de proteção respiratória:

Objeto protetor	Materiais	Espessura (n.º de dobras)	Eficiência geométrica média (%)
Lenço de homem	algodão	16	94
Lenço de homem	algodão	8	89
Lenço de homem	algodão	amarrotado	81
Papel higiênico	papel	3	91
Toalha de banho felpuda	algodão/poliéster	2 (molhada)	85
Toalha de banho felpuda	algodão/poliéster	2	74
Toalha de banho felpuda	algodão/poliéster	1 (molhada)	70
Lençol de cama	algodão	1	72
Camisa	algodão	2	66
Camisa	algodão	1 (molhada)	66
Lenço de mulher	algodão	4 (molhado)	63
Tecidos para vestuário	algodão	1 (molhado)	56
Tecidos para vestuário	algodão	1	48

Observação: considera-se que a proteção requer a respiração forçada através do material, com o auxílio da pressão das mãos. A eficiência da proteção decresce em aproximadamente 1 minuto a partir do ressecamento do material.

Descontaminação de indivíduos e dos recursos materiais

É uma medida aplicável apenas aos casos em que já ocorreu o *fallout* e às pessoas expostas diretamente à pluma. Limita-se à proteção da pele e dos pêlos. É feita por meio de um banho em água corrente, seguido do acondicionamento da água de lavagem, na qual estão presentes radionuclídeos (essa água é dita *rejeito líquido contaminado*).

A descontaminação de indivíduos e dos recursos materiais é uma medida complementar, que deve ser utilizada em harmonia com a abrigagem e a evacuação.

Os recursos materiais utilizados durante o socorro em acidentes nucleares devem também ser descontaminados ao final da operação, quando isto for possível. Também são necessárias as operações de descontaminação nos veículos que trafegam na zona contaminada.

Relocação

É a transferência progressiva da população, para evitar acúmulo de doses de radiação ao longo do tempo. É uma medida posterior à fase mais grave do acidente, e sua execução é menos complexa e turbulenta que a da evacuação.

Como a irradiação dos radionuclídeos decai com o passar do tempo, atualmente toma-se um intervalo de 70 anos como referência para que a irradiação presente em uma área contaminada possa tornar-se tolerável.

Durante esse período, a população relocada deve ser acompanhada para se observarem eventuais danos à saúde dos indivíduos. As doses de radiação consideradas no acompanhamento são oriundas dos depósitos de material radioativo no ambiente.

Controle do acesso

Esta medida é de grande importância para restringir a contaminação da população em trânsito num acidente nuclear, isolando as áreas atingidas.

A limitação da circulação é medida imprescindível para prevenir a contaminação durante emergências internas de uma usina, por exemplo, caso ela esteja localizada à margem de estradas ou de outras vias de circulação pública.

A interrupção do tráfego evita a contaminação de transeuntes. Nos acidentes em que há necessidade de interrupção de uma via pública, devem-se prever rotas alternativas adequadas ao volume regular de tráfego da via bloqueada.

Controle de alimentos

Existe uma gradação na aplicação do controle de alimentos. Podem-se inutilizar os estoques ou postergar o consumo de alimentos específicos, como leite, carne, vegetais ou água.

Os reservatórios d'água, as fontes d'água e os rios utilizados para o abastecimento das populações devem sofrer controle radiodosimétrico*.

Dependendo da composição química da liberação radioativa, alguns alimentos poderão ter seu consumo retardado por meio de estocagem ou de processamento. Recomenda-se que os alimentos contaminados não sejam "diluídos" em outros, limpos, nem colocados perto destes.

Deve-se ressaltar que nas áreas onde existe significativa participação da agropecuária de subsistência o controle de alimentos torna-se bastante difícil.

O controle dos alimentos é uma medida pouco onerosa e pode significar um auxílio considerável em um acidente.

Descontaminação da área em geral

Consiste em lavar rodovias, edificações e solos agricultáveis ou aspirar os radionuclídeos depositados sobre eles.

A remoção dos depósitos impede a contaminação por irradiação e a ressuspensão das partículas radioativas. Sua aplicação é característica da fase pós-acidente.

Existem algumas limitações para implementação dessa técnica:

+ do ponto de vista econômico, a descontaminação é onerosa e sua implementação depende do valor do conjunto de edificações e da área que se deseja recuperar;
+ considerando os aspectos técnicos, a descontaminação em grande escala de edifícios e rodovias gera significativa quantidade de rejeitos contaminados, cujo manuseio e destinação final não são operações triviais.

Evacuação

É a mais radical de todas as medidas protetoras. Em linguagem técnica costuma-se denominar essa medida *movimento coletivo urgente* (MCU), já que MCU explicita melhor a necessidade de organização e de privação de recursos.

A vigência desse tipo de medida protetora estende-se para além dos limites do acidente em si, pois na prática a evacuação é um conjunto de ações, previamente planejadas, que possibilitam aos cidadão afastar-se do

---

* *Controle radiodosimétrico*: medida do nível de radiação.

perigo, gozar de seus direitos durante o período de afastamento e retornar à sua vida cotidiana no sítio original ou em outro, dependendo da contaminação.

Essa medida tem, portanto, forte impacto psicossocial, pois desorganiza a vida cotidiana da população. Seu objetivo é evitar as doses que motivariam as fatalidades imediatas e outros efeitos não-aleatórios. É indicada nas fases iniciais do acidente, isto é, antes da liberação das partículas radioativas, quando a instabilidade do reator já a prenuncia, ou até pouco depois da liberação. O momento de aplicação dessa medida é fator chave para sua eficácia.

As circunstâncias que motivam sua implementação devem ser cuidadosamente detalhadas, com antecedência, para se decidir com rapidez em caso de acidente real.

É uma operação que envolve riscos consideráveis devido ao pânico, que pode levar à convulsão social. Além do mais, a falta de controle durante a ação incentiva atitudes paralelas de oportunistas. Os saques e as invasões são ocorrências possíveis.

O MCU será tanto mais arriscado quanto maior for a população removida. Embora se dê ênfase a essa etapa de remoção rápida da população, outras fases da operação também são relevantes. Após a remoção, por exemplo, virá a fase de abrigagem provisória, a de manutenção do afastamento e a de organização do retorno.

Os acidentes com reatores nucleares podem ter as mesmas implicações de algumas catástrofes naturais e, embora as emergências radiológicas tenham muitas particularidades em relação às demais, certos procedimentos necessários nessas emergências, como uma evacuação, têm aspectos comuns aos de emergências por fatores naturais (enchentes, furacões, etc.).

A evacuação de uma área contaminada requer a participação compulsória de todos os envolvidos e normalmente é apoiada por órgãos governamentais. Leva à ação conjunta de instituições de diferentes âmbitos: municipais, estaduais, federais e, às vezes, internacionais, com coerência interna.

As comunicações

Na organização e implementação dos MCUs a circulação das informações é básica para a eficiência de toda a operação.

Os primeiros comunicados devem notificar a ocorrência de um evento não usual em uma central nuclear e classificá-lo de acordo com suas dimensões e possibilidade de evolução. Constatada a evolução do evento em direção a um acidente severo, faz-se necessária a declaração de uma emergência geral, que precede à medida protetora. Esta deve ser rápida e eficiente, para controlar o pânico.

Toda a rede de participantes encarregada da difusão do sinal de emergência deve manter-se 24 horas disponível para contatos. A organização dessa rede em permanente disponibilidade deve ser objeto do planejamento geral. Os meios mais simples para esse fim são:

- *Conjunto de sirenes* — aplica-se a áreas de proteção especial (usinas, etc.), com alcance máximo de 5 km. É um meio de comunicação eficaz, porém limitado a áreas específicas.

- *Carros de som e aviso domiciliar* — aplica-se a áreas com população em trânsito, numa faixa de 5 a 15 km. É um meio de comunicação pouco utilizado em regiões onde há outros recursos, mas é útil em regiões pobres.

- *Sistemas de rádio e telefonia* — aplica-se sobretudo a comunicações entre instituições de apoio à população. Em certos países existem previsões de cabos especiais de telefone e freqüências especiais de rádio para contatos em emergências.

- *Sinalização pirotécnica* (com fogo) e *fumígena* (com fumaça) — aplica-se aos casos raros de isolamento em que o sinal sonoro não seria ouvido.

- *Cadeias de rádio e televisão* — são os meios de comunicação mais eficazes. Notadamente o rádio, por sua simplicidade e mobilidade, exerce o papel de canal direto de informações em emergências.

A remoção da população

É a parte mais delicada do MCU; essa fase tem o sentido exato do termo evacuação, isto é, esvaziamento da área.

O primeiro passo é a organização preliminar da população e está ligado às mensagens transmitidas com a declaração de emergência. Os indivíduos devem ser orientados para adotar as medidas de radioproteção, deslocar-se para algum destino preestabelecido e prevenir-se para os acidentes menores que possam ocorrer durante o deslocamento.

O deslocamento pode dar-se de três formas:

- em veículos particulares;
- em transportes coletivos;
- por uma combinação das duas formas anteriores.

A primeira é implementada quando a população dispõe de veículos em número suficiente para o próprio deslocamento (mais comum em países do Primeiro Mundo), e sua organização preliminar consiste em reunir pequenos grupos, de acordo com a capacidade de cada veículo e a localização de cada um deles no momento da emergência.

Na segunda, a população deverá seguir para pontos de embarque específicos, que devem estar preparados para favorecer o acesso e a saída das pessoas. As vias de circulação dos veículos de grande porte devem permanecer livres, sem serem invadidas pela população; especialmente o espaço de manobra para os veículos precisa ser preservado. No caso dos trens, esse problema é de mais fácil controle do que nas rodovias.

A terceira refere-se ao uso misto de transportes coletivos e particulares. Situações complicadas nesses casos podem surgir devido a escassez de vias de circulação. Quando existe um número grande de pessoas com transporte próprio e uma quantidade igualmente elevada de pessoas a serem transportadas, é necessário vias de circulação suficientemente grandes para evitar o congestionamento provocado pelo volume de tráfego. No caso de o número e a qualidade das rodovias ser insuficiente, os esforços devem ser concentrados para obter a flexibilidade necessária nas ações, para maior êxito da operação.

Por fim, deve-se mencionar a utilização das vias aéreas, fluviais e marítimas em um MCU. O transporte aéreo é utilizado para deslocamento de equipes de monitoramento, feridos graves, equipamentos e suprimentos. O uso de vias fluviais e marítimas não tem sido comum nessas emergências e depende da existência de uma população familiarizada com esse tipo de locomoção.

A recepção dos evacuados

No ponto de recepção é feito o monitoramento dos veículos de tráfego cíclico que removem a população. Se for constatado grau elevado de contaminação, deve ser procedida sua descontaminação. No caso de a operação estar sendo realizada antes da liberação dos radionuclídeos, são necessários apenas os controles básicos, e a infra-estrutura necessária é mais simples.

No centro de recepção, deve ser feita a identificação de indivíduos e grupos para estimar os recursos das ações subseqüentes. Esse procedimento também permitirá informar aos membros de uma família ou grupo social coeso o destino dos que tenham sido removidos para lugares diferentes, em função de sua localização no momento do acidente. A reunião desses grupos favorece o controle do estresse e do pânico.

Após a identificação, serão liberados os indivíduos ou grupos que tenham condições de estada por seus próprios recursos.

Os lugares que poderão servir provisoriamente de alojamento devem ser preparados a partir da notificação inicial do acidente. Toda infra-estrutura disponível no ponto de recepção deve ser periodicamente testada, para, no momento do acidente, ser imediatamente posta à disposição dos evacuados. Deve-se levar em conta que o período de alojamento provisório tem efeitos adversos sobre a estabilidade emocional dos indivíduos.

Alimentação e assistência médica devem ser providenciadas para o período que durar o afastamento. Além disso, é preciso prover a segurança dos alojamentos provisórios, bem como das áreas evacuadas.

Serviços médicos devem estar bem preparados no ponto de recepção, sobretudo para emergências previsíveis, como fraturas, náuseas, desmaios, crises nervosas, etc. As crianças, os idosos, as gestantes e os portadores de deficiência física podem requerer cuidados especiais.

Tendo o conhecimento do que envolve um acidente desse tipo, pode-se perceber em que colaborar e qual é a melhor forma de fazê-lo.

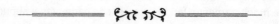

ACIDENTES NATURAIS

Terremotos

Terremoto é um repentino e rápido tremor de terra causado pela ruptura e deslocamento de rochas abaixo da superfície. Esse tremor pode causar o desabamento de edifícios, pontes e outras construções; romper os serviços de água, gás, eletricidade e telefone; algumas vezes, provocar deslizamentos de terra, avalanches, inundações pelo rompimento de represas, incêndios e a formação de enormes ondas oceânicas. Construções com fundações apoiadas em terrenos inadequados ou instáveis e redes de água ou esgoto antigas estão sujeitas a maiores riscos. Edificações, *trailers* e casas pré-fabricadas não fixados a uma base presa ao chão estão também sujeitos a maiores riscos, uma vez que podem ser arrancados de seus berços durante um terremoto. Os terremotos podem ocorrer em qualquer época do ano.

Zonas de maior perigo

- O Cinturão de Fogo (faixa do globo terrestre que se estende de norte a sul do oceano Pacífico na costa da América do Norte, América Central e América do Sul).
- Toda a Ásia, especialmente a área próxima ao arquipélago japonês.

Antes de um terremoto

- Procure em seu ambiente tudo que pode oferecer riscos em caso de terremoto e remova para lugares baixos, mais seguros.
- Reforce a fixação de lustres e outros objetos de teto.

Durante um terremoto

Em recinto fechado

- Como norma geral, o recomendável é permanecer dentro do recinto. A coisa mais perigosa durante os abalos de um terremoto é tentar deixar o prédio, pois objetos podem cair sobre você.
- Não corra para portas de saída, já que mesmo as escadas de emergência são pontos fracos e podem estar quebradas ou bloqueadas. Nunca use o elevador, porque a força elétrica pode faltar.
- Lembre-se de que sacadas, cornijas e parapeitos são normalmente os primeiros a desabar.
- Procure abrigo debaixo de uma mobília sólida — mesas, por exemplo — ou abrigue-se sob o marco de uma porta, ou próximo a uma coluna, ou em um canto de cômodo.
- Se você estiver no andar térreo de um prédio de concreto ou de aço, saia e, andando pelo meio da rua, dirija-se a um lugar aberto. O andar térreo dos prédios é o que desaba primeiro, os demais oferecem maior resistência.
- Quando se locomover em recintos fechados, proteja sua cabeça com um objeto sólido e resistente, como, por exemplo, uma cadeira virada de pernas para cima e segura pelo encosto.
- Não use velas, fósforos ou qualquer objeto inflamável durante o terremoto ou depois dele, porque poderá existir algum vazamento de gás.
- Apague qualquer foco de incêndio.

Fora de habitações

- Permaneça fora de construções.
- Mova-se para uma área aberta — uma praça, por exemplo —, pelo meio das ruas, para longe de prédios, postes de luz, cabos elétricos e árvores.
- Uma vez que esteja numa área aberta, permaneça nela até que os abalos cessem.

Em um veículo em movimento

- Dirija-se para uma área aberta, longe de prédios, árvores, viadutos, elevados, pontes e cabos de energia elétrica, de telefone, etc.
- Pare rapidamente, com segurança, e permaneça no veículo. O carro pode ser sacudido violentamente durante o tremor, mas é um bom lugar para se estar a salvo.

Depois de um terremoto

- Se você estiver num veículo, assim que os abalos cessarem, aja com cuidado. Evite trafegar em pontes e outras vias elevadas, pois podem ter sido danificadas pelo tremor.
- Esteja preparado para tremores posteriores. Embora de menor intensidade que o abalo principal, podem causar danos adicionais e fazer ruir estruturas, especialmente as já abaladas. Tremores posteriores podem ocorrer nas horas sucessivas ao abalo principal, bem como semanas ou meses após o terremoto.

Maremotos (tsunami)

Maremoto é uma grande agitação das águas do mar, normalmente provocada por terremotos submarinos ou por ventos muito-fortes, como os furacões. As ondas de um maremoto podem ser perigosas e destrutivas; elas se propagam da área do distúrbio para fora, em todas as direções. O tempo entre a crista de uma onda e a de outra varia de 5 a 90 minutos, e a sua velocidade pode alcançar mais de 700 km/h. Ondas com mais de 30 metros de altura já foram registradas.

Quando as enormes ondas dos maremotos se quebram e atingem áreas costeiras, causam muitos danos e desastres.

Zonas de maior perigo

- A região do Caribe e a região costeira do Oceano Índico são bastante sujeitas a maremotos causados pelos fortes ventos dos furacões que ali ocorrem com freqüência. Na região do Caribe ocorrem principalmente no mês de setembro, e na região do Oceano Índico, nos meses de junho, julho, setembro e outubro.
- Os maremotos causados por abalos sísmicos podem ocorrer em qualquer época do ano e são mais comuns em certas regiões costeiras do Oceano Pacífico, como, por exemplo, no Japão, na Polinésia, na Malásia e na Micronésia.

Antes de um maremoto

- Informe-se se o lugar onde você vive pertence a uma área de risco. Em caso positivo, saiba a que altura se encontra a sua rua e a distância dela em relação à costa.

◆ Familiarize-se com os sinais de advertência naturais. Em virtude de um maremoto ser causado por terremotos submarinos, pessoas que habitam a costa devem considerar um tremor de terra ou um estrondo como significativas advertências naturais. Uma notória e rápida elevação ou diminuição das águas costeiras é também sinal de que um maremoto se aproxima. Notícias de furacões e de vendavais são também advertências.

Durante um maremoto

◆ Preste atenção ao rádio e à televisão para obter as últimas informações de emergência e esteja pronto para evacuar a área se assim for recomendado.

◆ Se ouvir um alerta oficial de maremoto ou detectar sinais naturais sobre isso, evacue a área de perigo imediatamente. Dirija-se para lugares elevados e longe do litoral. Tenha presente que alertas oficiais de maremoto só são emitidos quando as autoridades estão certas de que existe uma ameaça de maremoto.

◆ Mantenha-se longe das praias. Nunca vá assistir à vinda de um maremoto. Se você pode ver as ondas, então provavelmente está tão perto delas que não poderá escapar.

◆ Se onde você reside houve um maremoto, retorne para casa somente depois que as autoridades avisarem que é seguro. Lembre-se de que maremoto é uma agitação do mar que provoca uma série de ondas. Por isso, não considere que a chegada de uma onda normal signifique que o perigo passou. A onda seguinte pode ser maior e mais perigosa que a primeira. Fique longe da área.

Depois de um maremoto

◆ Abra janelas e portas para ajudar a secar o prédio.

◆ Retire a lama enquanto ela ainda está úmida, para facilitar a secagem das paredes e do chão.

◆ Inspecione os suprimentos alimentares e a água de beber. Alimentos não apropriadamente embalados que tenham tido contato com a água da enchente podem ter sido contaminados e devem ser eliminados. Antes de beber a água canalizada analise-a no departamento de saúde.

Calor extremo

Temperaturas que permaneçam por várias semanas a pelo menos 10 graus acima da temperatura máxima média de uma região são definidas como calor extremo. O calor pode ser úmido ou seco.

Condições de umidade e abafamento ocorrem quando uma cúpula de atmosfera de alta pressão aprisiona neblina e ar úmido próximos ao chão. Causam bastante desconforto. A estagnação da atmosfera e a baixa qualidade do ar podem causar muitas doenças.

Condições excessivamente secas e quentes provocam distúrbios: tempestades secas e baixa visibilidade. As secas ocorrem devido a grande período de estiagem e, quando prolongadas, produzem sérios impactos. O aumento na demanda de água e de eletricidade pode resultar na escassez das fontes. Além do mais, pode ocorrer falta de alimentos se a produção agrícola for danificada ou se houver perda na colheita ou nos estoques vitais.

O calor mata porque força o corpo humano além de seu limite. Sob condições normais, o termostato interno do corpo produz transpiração que evapora e resfria o corpo. No entanto, a evaporação é reduzida com o calor extremo e com a alta umidade atmosférica, e o corpo precisa de grande esforço para manter sua temperatura normal.

A maioria dos desequilíbrios provocados pelo calor ocorre porque a pessoa se expõe excessivamente ao calor solar ou pratica exercícios físicos além dos limites de sua idade e condição física.

Zonas de maior perigo

- Em geral as regiões áridas e desérticas.
- Também as regiões de grandes florestas e de muita umidade relativa do ar são susceptíveis ao calor extremo.
- Hoje em dia, praticamente todas as regiões brasileiras estão sujeitas ao calor extremo.

Antes do calor extremo

- Conheça os sintomas de desequilíbrios causados pelo calor e pela sobre-exposição ao sol e esteja pronto para aplicar os primeiros socorros.
- Contate as autoridades de saúde da região para se informar sobre as particularidades locais do calor extremo.

- Instale e revise aparelhos de ar condicionado, se for possível.
- Desligue qualquer equipamento de aquecimento. Evite usar o forno e outras fontes geradoras de muito calor.
- Vede o melhor possível as passagens de ar externo para dentro de casa.
- Procure manter fontes de calor do lado de fora da casa.
- Instale defletores temporários, tais como cartolinas aluminizadas, para refletir para fora de casa qualquer radiação de calor.
- Se possuir janelas e portas isolantes térmicas, coloque-as em uso. Elas funcionam tanto para isolar o frio como o calor excessivo.
- Oriente as pessoas de seu convívio para que elas tenham conhecimento dos riscos do calor e dos cuidados para evitar expor-se a ele.

Durante períodos de calor extremo

- Em dias de temperatura elevada, evite exercícios físicos ou a permanência prolongada ao sol ou em lugares muito quentes.
- Proteja as janelas. Pendure cortinas, toldos ou venezianas nas que recebem sol de manhã e à tarde. Toldos externos ou persianas podem reduzir em até 80% a entrada de calor na casa.
- Economize eletricidade. Durante períodos de calor extremo, as pessoas tendem a usar muito mais potência nos circuladores de ar e nos aparelhos de ar condicionado, o que pode levar à escassez ou à falta de energia.
- Lembre-se de que ventiladores não esfriam o ar, mas apenas fazem com que o ar circule.
- Permaneça o maior tempo possível em recintos abrigados, preferencialmente nos andares inferiores das habitações, fora da luz solar.
- Coma alimentos bem balanceados e leves.
- Beba água em abundância e regularmente.
- Pessoas epilépticas ou que sofram de doenças do coração, dos rins ou do fígado, em dieta restritiva de líquidos ou com problemas de retenção de líquidos devem buscar orientação médica antes de beber mais água do que costumam.
- Evite bebidas alcoólicas. Embora cerveja e bebidas alcoólicas pareçam satisfazer a sede, na verdade elas contribuem para a desidratação.
- Vista roupas folgadas que cubram a pele o mais possível. São recomendadas roupas leves, de cores claras que refletem a luz e o calor e ajudam a manter normal a temperatura do corpo.

- Proteja a face e a cabeça com um chapéu de abas largas.
- Permita a seu corpo adaptar-se a altas temperaturas nos dois ou três primeiros dias de uma onda de calor, evitando abusar de recursos para se refrescar.
- Evite muito sol.
- Queimaduras solares diminuem a capacidade de a pele resfriar a si mesma. Use um filtro solar com alto fator de proteção.
- Evite mudanças bruscas de temperatura.
- Se você tomar uma ducha gelada em períodos de calor, pode ter queda da temperatura normal do corpo (hipotermia), particularmente se você for idoso ou muito jovem. Aja com cautela.
- Repouse bastante para permitir que o seu sistema de termorregulação trabalhe.
- Pessoas que estão em dieta restritiva de sal devem consultar um médico antes de aumentar sua ingestão.
- Aprenda quais são os sintomas de desequilíbrio por calor, principalmente insolação e intermação, e saiba como prestar os primeiros socorros.

Durante uma seca

- Diminua o uso doméstico de água.
- Evite lavar carros e calçadas.
- Reutilize a água sempre que possível.
- Regule as descargas para um menor consumo.

Vendavais (tempestades, ciclones, furacões)

Vendaval é uma agitação violenta da atmosfera, que pode ser acompanhada de ventos de alta velocidade, granizos ou trovões.

O mais violento dos vendavais é o furacão, também conhecido por tufão no mar da China.

Um furacão é uma tempestade tropical com ventos que atingem uma velocidade constante de 100 km/h ou mais. Os ventos de um furacão sopram em grande espiral em torno de um centro relativamente calmo, conhecido como *olho*. O olho do furacão tem geralmente 30 a 45 km de largura, enquanto a tempestade pode estender-se por 650 km.

À aproximação de um furacão, o céu começa a escurecer e os ventos aumentam sua força. Ao percorrer as camadas da atmosfera e ao se aproximar de terra, ele pode trazer chuvas torrenciais e ventos fortes. Um único furacão pode permanecer por mais de duas semanas em mar aberto e pode devastar grandes extensões de terra.

Zonas de maior perigo

♦ Vendavais podem acontecer em diversas partes do mundo; são mais raros nas regiões desérticas.

♦ Furacões são freqüentes na região do Caribe, principalmente em agosto e setembro, e na região do Oceano Índico, especialmente em junho, julho, setembro e outubro.

♦ A região do Oceano Pacífico próxima à Ásia também é sujeita a furacões. Ali existe a chamada *estação dos furacões* (de 1.º de junho a 30 de novembro).

Antes dos vendavais

♦ Lembre-se de que os vendavais podem ser fatais para grande número de pessoas e, portanto, tome as precauções aconselhadas.

♦ Aprenda a reconhecer os avisos naturais dos vendavais, bem como os enviados pela comunidade, e a planejar com antecedência como reduzir as probabilidades de ferimentos e danos materiais.

♦ Contate a defesa civil local para obter informações, planos para enfrentar fortes vendavais, e rotas de evacuação seguras e de abrigos próximos.

♦ Planeje uma rota de evacuação e procure familiarizar-se com outras rotas, longe do litoral.

♦ Esteja preparado para se deslocar de 30 a 80 km do litoral em busca de abrigo seguro.

♦ Prepare com bastante antecedência sua casa para resistir à fúria das tempestades. As melhores proteções para as janelas são as persianas permanentes construídas para tal finalidade. Uma alternativa de baixo custo é colocar painéis de madeira. Use placas de compensado, de preferência compensado naval, de pelo menos 18 mm. Corte os painéis de modo a se encaixarem perfeitamente nas janelas. Lembre-se de marcar a que janela pertence cada painel. Deixe prontos os orifícios para os parafusos de fixação ou qualquer outro meio resistente e eficaz.

Alerta de vendaval e aviso de vendaval

◆ Um alerta de vendaval é emitido quando há ameaça de ocorrência dentro de 24 a 36 horas.
◆ Um aviso de vendaval é emitido quando a ocorrência é esperada em 24 horas ou menos.

Durante um alerta de vendaval

◆ Acompanhe por um rádio ou televisão portátil os relatórios da evolução do vendaval.
◆ Verifique os suprimentos de emergência.
◆ Abasteça o carro.
◆ Leve para dentro de casa todos os objetos soltos (mobília de jardim, brinquedos, ferramentas, etc.). Grande número de ferimentos graves e de mortes são causados por objetos levados pelo vento em alta velocidade, que se transformam em verdadeiros projéteis. Existem registros de furacões em que estacas de madeira trespassaram árvores completamente.
◆ Amarre ou prenda com firmeza os objetos que não podem ser levados para dentro de casa.
◆ Remova antenas externas.
◆ Proteja as edificações fechando todas as janelas e guarnecendo-as com painéis de madeira.
◆ Regule geladeiras e *freezers* para a posição mais fria. Só os abra rapidamente e quando absolutamente necessário.
◆ Armazene água potável em banheiras previamente desinfetadas, em botijões, tonéis, garrafões, panelas e outros utensílios de cozinha.
◆ Reveja os planos de evacuação.
◆ Reforce os sistemas de ancoragem de *trailers* e casas móveis.
◆ Barcos na água devem ser atracados com segurança ou levados para um lugar seguro designado com antecedência.
◆ Barcos em terra devem ser firme e seguramente amarrados a seus reboques e estes ao solo.

Durante um aviso de vendaval

◆ Acompanhe constantemente por um rádio ou televisão portátil as instruções das autoridades.

◆ Se estiver em um *trailer* ou em uma casa móvel, faça nova verificação das amarrações e abandone a casa imediatamente.
◆ Armazene valores e documentos importantes em recipientes à prova d'água e leve-os para o andar superior.
◆ Evite usar elevadores.
◆ Permaneça dentro de casa, longe de janelas, portas de vidro e clarabóias.

Vulcões

Vulcão é uma montanha que tem comunicação com reservatórios de rochas em estado líquido (lava ou magma), abaixo da superfície da Terra. Se o vulcão é ativo, de tempos em tempos o material magmático aflora à superfície e, como é muito quente, queima tudo por onde passa. Ao contrário da maioria das montanhas, que se formam pela elevação do solo, os vulcões são formados pelo acúmulo do produto de sua própria erupção: lava que se solidifica ao esfriar, cinzas e poeiras aéreas. Quando a pressão de gases e rochas em estado líquido se torna forte o suficiente para causar uma explosão, ocorre a erupção. Gases e lava jorram do vulcão e são derramados à sua volta. Erupções vulcânicas podem arremessar rochas aquecidas a 30 km de distância e enchem o ar de cinzas.

O material magmático pode ser usado em construção de edifícios ou de rodovias, e também como abrasivos, agentes de limpeza e matéria-prima para produtos químicos e para outros usos industriais. A cinza das lavas deixam o solo rico em nutrientes minerais.

Zonas de maior perigo

◆ Existem mais de 500 vulcões ativos no mundo, disseminados em praticamente todos os continentes. Mais da metade deles faz parte do "Círculo de Fogo", região que circunda o Oceano Pacífico.
◆ O Brasil não tem vulcões em atividade no momento atual.

Antes de uma erupção

◆ Informe-se sobre os sistemas de advertência de sua comunidade, caso ela esteja sujeita a erupções vulcânicas.
◆ Esteja preparado para desastres que podem ser desencadeados por erupções vulcânicas, tais como terremotos, inundações repentinas, des-

moronamentos e deslizamentos de terra, tempestades com trovoadas e maremotos.

Durante uma erupção

♦ Siga as orientações de evacuação emitidas pelas autoridades.
♦ Mantenha-se longe das torrentes de lava.
♦ Tenha cuidado com as correntes de lama; elas se movem mais rapidamente do que uma pessoa pode correr.

Observações: Correntes de lama se formam quando cai chuva das nuvens de cinzas em um rio ou quando surge uma barragem no curso natural de um rio durante uma erupção. Esses "rios" de lama são muito fortes e tornam-se bastante perigosos perto dos canais dos riachos. Quando você se aproximar de uma ponte, olhe rio acima. Se uma torrente de lama estiver aproximando-se ou movendo-se para debaixo da ponte, não atravesse a ponte. A força da corrente de lama pode destruir uma ponte rapidamente.

Depois de uma erupção

♦ Acompanhe por um rádio portátil as informações de emergência.
♦ Fique longe das precipitações de cinzas vulcânicas.
♦ Se estiver fora de casa, cubra a boca e o nariz. Muitas pessoas morrem por inalar cinzas.
♦ Use óculos para proteger os olhos.
♦ Mantenha a pele coberta para evitar irritações e queimaduras.
♦ Se você tem alguma doença respiratória, evite qualquer contato com cinzas. Procure abrigar-se sob um teto até que as autoridades informem não existir mais perigo.
♦ Evite sair de carro se houver pesada precipitação de cinzas. O funcionamento do carro irá lançar mais cinzas para cima e elas poderão entupir os motores e imobilizar os veículos.
♦ Retire dos telhados as cinzas vulcânicas precipitadas. Elas são muito pesadas e podem fazer os telhados desabarem.

Medidas preventivas para acidentes naturais

♦ Certifique-se de que as pessoas de seu ambiente sabem como agir durante e depois de um acidente natural.

- Elabore planos de evacuação. Escolha um lugar suficientemente seguro, de preferência elevado, no interior do continente para onde se dirigir. Após alguns acidentes naturais, vias de circulação das proximidades poderão estar bloqueadas, portanto selecione mais de um caminho para a evacuação.
- Saiba onde se localizam hospitais, corpo de bombeiros e polícia.
- Instrua seus familiares a respeito de como e quando desligar o gás, a eletricidade e a água.
- Identifique dentro de casa lugares seguros, longe de vidros de janelas e de espelhos que estilhaçam, ou longe de onde possam cair móveis pesados — como estantes de livros, guarda-louças, etc.
- Identifique lugares seguros fora de casa, longe de edificações, de árvores, de linhas elétricas e telefônicas, de elevados, de viadutos e pontes.
- Pode os galhos fracos ou mortos das árvores.
- Mantenha equipamento e suprimento de emergência facilmente disponíveis (veja item *equipamentos de emergência*).

Edificações

- Conserte qualquer rachadura no teto ou nas fundações dos edifícios. Consulte especialistas se existirem sinais de defeitos estruturais.
- Verifique freqüentemente os escoramentos de *trailers* e casas móveis e, se necessário, reforce-os.
- Substitua fios elétricos defeituosos e conexões de gás frágeis ou sujeitas a vazamentos.

Interior das casas

- Armazene peças quebráveis — como frascos, potes, vidros e louças — em armários baixos e com trancas.
- Armazene substâncias nocivas — como pesticidas, venenos, produtos inflamáveis, etc. — em armários com trancas e nas prateleiras mais baixas.
- Pendure objetos pesados — como quadros e espelhos — longe de camas, sofás e quaisquer outros lugares onde as pessoas costumam estar.

Comunicações

- Desenvolva um plano de comunicação de emergência com as pessoas de seu relacionamento.

- Determine com antecedência alguém que habite numa cidade distante da sua como ponto de contato entre você e as pessoas de seu relacionamento. Certifique-se de que todos do grupo sabem o nome, o endereço e o telefone dessa pessoa.
- Ensine especialmente às crianças como e quando chamar por socorro pelo telefone 190 (Polícia Militar) ou 193 (Corpo de Bombeiros) ou por qualquer outro meio local, e também qual estação de rádio sintonizar para obter informações oficiais.
- Lembre-se de que depois de um acidente natural normalmente é mais fácil conseguir ligações interurbanas que locais.
- Ensine a todos como sintonizar um rádio portátil em estações que transmitam informações de emergência.

A evacuação

- Informe a alguma pessoa conhecida que habite fora da área do acidente para onde você está indo.
- Se o tempo permitir e você morar em uma área sujeita a inundação, eleve a mobília e os utensílios domésticos para protegê-los da água (caso a edificação seja de dois pavimentos, deixe o maior número de coisas no andar superior).
- Leve equipamentos de emergência, suprimentos, roupas para abrigar e aquecer, cobertores e sacos de dormir.
- Feche toda a casa e parta.

Condutas básicas em acidentes naturais

- Procure prestar auxílio onde for necessário.
- Lembre-se de socorrer seus vizinhos, especialmente os que requerem assistência especial, como crianças, pessoas idosas e pessoas com deficiências físicas.
- Mantenha a calma. Evite o seu pânico e o de outras pessoas.
- Dê condições de as pessoas estarem dedicadas a tarefas necessárias, pois assim as reações de pânico serão menores.
- Esteja preparado para organizar grupos de pessoas, liderando-as com base em um plano de ação.

- Preste os primeiros socorros onde for necessário e de forma correta. Observe as técnicas de salvamento apropriadas para cada caso e para cada situação.
- Ao encontrar um acidentado, observe seus sinais vitais. Se houver necessidade, facilite e mantenha a respiração do acidentado. Desimpeça suas vias aéreas: limpe-lhe a boca e a garganta com os dedos, tire-lhe a dentadura e afrouxe-lhe o colarinho, o cinto e as roupas.
- Distribua cobertores aos acidentados.
- Desloque os acidentados o mínimo necessário e sempre em macas, se possível.
- Se for preciso remover pessoas seriamente machucadas, só o faça com as técnicas e os recursos apropriados e se houver iminência de sofrerem novas lesões.
- Mobilize-se para obter água, alimentos, medicamentos, vestuário e abrigo.
- Mantenha à disposição um suprimento de lâmpadas e baterias para lanternas. Evite usar como fonte de luz chamas expostas, tais como velas ou lampiões, para evitar incêndios.
- Se houver uma queda no fornecimento de energia elétrica, desligue os aparelhos elétricos para diminuir a possibilidade de sobrecarga na rede quando o fornecimento for restabelecido.
- Procure estabelecer um sistema de comunicação eficiente.

Em terremotos

- Prepare-se para localizar pessoas sob escombros e para resgatá-las. Utilize os equipamentos listados no item *equipamentos de emergência*, caso você os tenha.
- Escave preferivelmente com as mãos. Ao utilizar pás e picaretas seja cauteloso.
- Observe regras fundamentais, como não andar sobre escombros e não retirá-los sem certificar-se de que sua remoção não causará outros desmoronamentos no edifício ou queda de material.

Em maremotos

- Prepare-se para localizar pessoas em locais alagados e para resgatá-las. Utilize os equipamentos listados no item *equipamentos de emergência*, caso você os tenha.

Em calor extremo

♦ Mantenha contato freqüente com pessoas idosas que vivam sozinhas para saber as suas condições.

♦ Procure orientar pessoas menos instruídas sobre os perigos do calor excessivo e sobre os cuidados necessários para evitá-lo ou enfrentá-lo.

Em vendavais

♦ Havendo necessidade de procurar entre escombros algum ferido e de resgatá-lo, lembre-se de fazê-lo com cuidado e atenção, observando os procedimentos corretos.

Retorno a casa após o acidente

♦ Seja cauteloso ao se deslocar, para não causar desabamentos e não se ferir em objetos cortantes. Evite caminhar sobre escombros. Além de você correr o risco de se machucar, pode haver pessoas ou animais soterrados.

♦ Evite aproximar-se de cabos de energia elétrica partidos ou pendentes e comunique à companhia elétrica, à polícia ou aos bombeiros, as ocorrências que você tiver visto.

♦ Fique fora de construções danificadas. Retorne para casa apenas quando as autoridades avisarem que é seguro. Se não houver contato com as autoridades, espere algum tempo até que as evidências do acidente tenham cessado.

♦ Entre em casa cautelosamente. Use lanternas para entrar em prédios danificados. Não use a rede elétrica — assim você estará evitando acidentes sérios, como choques, explosões e incêndios.

♦ Se houver medicamentos, solventes, gasolina ou outros líquidos inflamáveis derramados, enxugue e limpe imediatamente. Abandone a área se você perceber cheiro de gás ou de vapores químicos.

♦ Abra armários e guarda-louças cuidadosamente.

♦ Verifique o estado dos alimentos na geladeira e no *freezer*.

♦ Ligue e sintonize um rádio ou televisão a pilhas para receber informações de emergência. As emissoras locais costumam transmitir os dados mais atualizados sobre o acidente e os mais necessários à população acometida.

- Atenção aos animais domésticos. Seu comportamento pode mudar sensivelmente após um acidente desses.
- Apague todos os focos de incêndio.
- Saia de carro apenas se for estritamente necessário, pois poderá haver estradas alagadas e danificadas, pontes caídas ou interditadas.
- Só use o telefone para ligações de emergência, não sobrecarregando assim as linhas de comunicação.

Inspeção doméstica

Gás

- Se você sentir cheiro de gás ou ouvir barulho de sopro ou silvo de gás em vazamento, abra as janelas e rapidamente se afaste do local. Quando possível, feche o fornecimento de gás fora da casa. Se necessário, peça ajuda pelo telefone de um vizinho. Se o seu gás é canalizado e você precisar fechá-lo, não o religue sem a assistência do pessoal da companhia fornecedora.

Energia elétrica

- Se encontrar faíscas, fios partidos ou desencapados, ou sentir odor de material elétrico aquecido (borracha queimada), desligue imediatamente a chave geral de energia elétrica na caixa principal dos fusíveis. Se para fazer isso você tiver que pisar na água, procure orientação especializada e, se não for possível, utilize algum material isolante seco (madeira, borracha, bastões de plástico, etc.) para desativar a chave.

Água e esgoto

- Se suspeitar de vazamento de água, feche o registro principal.
- Se suspeitar de danos na rede de esgoto, evite usar os sanitários.
- Não consuma água antes de certificar-se de não estar contaminada. Lembre-se de que se derreter os cubos de gelo da geladeira você terá água potável.

Equipamentos de emergência

Nas catástrofes de grandes proporções, as cidades são os lugares mais vulneráveis e mais inadequados à sobrevivência. Todos os serviços básicos deixam de funcionar: telefone, energia elétrica, gás, água encanada tratada, esgoto, coleta de lixo, etc. entram em colapso. Não há fornecimento de alimentos, que são produzidos no campo. A disseminação de doenças é muito rápida e também a proliferação de animais nocivos.

Assim, o êxodo para o campo é necessário. Ao partir, saiba o que levar. Concentre-se em utensílios que funcionem independentemente da rede elétrica e em ferramentas, agasalhos, roupas fortes, manuais de sobrevivência e de emergência, kits de primeiros socorros, etc.

Kit de Primeiros Socorros

Curativos

- ◆ Água oxigenada 10 volumes
- ◆ Álcool 70%
- ◆ Algodão hidrófilo
- ◆ Ataduras de crepom
- ◆ Ataduras de gaze
- ◆ Compressas de gaze
- ◆ Compressas ou fraldas
- ◆ Cotonetes
- ◆ Curativos adesivos
- ◆ Esparadrapo
- ◆ Espátulas de madeira
- ◆ Luvas descartáveis
- ◆ Povidine degermante
- ◆ Sacos plásticos fortes
- ◆ Soro fisiológico 0,9%
- ◆ Tesoura de ponta rombuda

Medicamentos

- ◆ Anestésico de uso tópico
- ◆ Antiácido
- ◆ Antialérgico
- ◆ Antidiarréico
- ◆ Antienjôo
- ◆ Colírio
- ◆ Comprimidos para dor
- ◆ Hidratante oral
- ◆ Pomada anti-séptica
- ◆ Pomada para dores musculares

Materiais gerais

- ◆ Agulhas descartáveis
- ◆ Alfinetes de segurança
- ◆ Aparelho portátil de respiração artificial
- ◆ Fio dental
- ◆ Garrote

- ◆ Isqueiro a gás
- ◆ Lâminas de barbear novas
- ◆ Manual de primeiros socorros
- ◆ Pinça de sombrancelhas
- ◆ Seringas descartáveis
- ◆ Termômetro

Kit de Emergência

- Alavanca
- Alicate corta-barras de ferro
- Ascensor
- Ataduras
- Bandagem triangular
- Bandeirola sinalizadora
- Batom em bastão
- Cabides de arame
- Capacete
- Cinto Baudrier
- Cobertor
- Colar cervical
- Colete refletivo
- Compressas ou fraldas
- Cone sinalizador
- Copos descartáveis
- Corda de 12 mm x 50 m
- Corda tipo cinto de segurança
- Destorcedor
- Estilete
- Fita tubular nylon 2,5 cm x 6 m
- Freio "8"
- Garrafão de água
- Lanterna e pilhas
- Luvas de couro
- Maca curta
- Maca descartável longa
- Machado
- Mangueira para combate a incêndio
- Manta de sobrevivência
- Manual de emergência
- Mosquetão
- Papel alumínio
- Papelão
- Plástico para embalagem
- Polias
- Relação de hospitais da área
- Relação de unidades da polícia florestal
- Relação de unidades de bombeiros
- Retinida de nylon de 6 mm
- Sacos plásticos grossos
- Talas para braço e antebraço
- Talas para dedos
- Talas para fêmur
- Talas para perna

Kit de Sobrevivência

- Agasalho impermeável
- Agulhas de costura
- Alfinetes de segurança
- Anzóis
- Apito
- Barraca
- Bloco de papel
- Bloqueador solar
- Botões
- Bússola
- Caneca plástica
- Caneta de tinta permanente
- Canivete multiuso
- Cantil para água
- Cilindros de oxigênio para mergulho
- Cordões
- Espelho sinalizador

Continuação
(Kit de Sobrevivência)

- Estojo de higiene pessoal
- Faca de campo
- Fogareiro a gás
- Fósforo
- Isqueiro
- Lanterna e baterias
- Lápis
- Lente de aumento
- Linha de costura
- Linha de nylon
- Linha de pesca
- Lona vinílica
- Manual de sobrevivência
- Mapas regionais
- Mochila cargueira de 50 litros
- Panela de campo
- Papel higiênico
- Permanganato de potássio
- Pratos de plástico
- Protetor labial
- Purificador de água (hipoclorito de sódio)
- Repelente de insetos
- Saco de dormir
- Sal
- Talheres de campo
- Toalha
- Velas

ENCHENTES

Um desastre natural produz situações emergenciais que desorganizam os padrões cotidianos de vida e o equilíbrio psíquico das pessoas. Acarretam danos materiais sérios, tais como falta de alimentos, roupas, habitação e assistência médica.

No caso das enchentes, as principais áreas atingidas são os lugares baixos, próximos ao leito dos rios — áreas que atraem as populações, devido à facilidade de cultivar o solo e à existência de água em abundância. Lugares próximos à beira-mar, alto e encostas de morros e regiões localizadas abaixo do nível de barragens também apresentam alto risco.

As enchentes podem ser lentas ou rápidas, mas geralmente vão-se avolumando no correr dos dias. O número de acidentados fatais só é alto quando a enchente é repentina, causada por trombas-d'água, maremotos, enxurradas, quedas de encostas e rompimentos de barragens. Quando uma barragem se rompe, uma grande quantidade de água é liberada torrencialmente, destruindo tudo em sua passagem.

Durante a enchente, as águas atingem níveis diferentes em vários pontos da cidade*, pois os rios em que as águas se acumulam costumam apresentar desníveis consideráveis entre um extremo e outro dela. Fatores localizados podem contribuir para um incremento na altura das águas, como, por exemplo, o represamento de um afluente.

A fragmentação da estrutura urbana normalmente se ressalta durante a enchente, e a cidade é dividida em diferentes áreas. As situadas onde as águas se mantêm paradas podem ser interligadas por um sistema de navegação emergencial, cuja única dificuldade são os obstáculos imersos (estátuas, sinalização de trânsito, etc.) e as redes aéreas de energia elétrica e de telefone. O maior isolamento ocorre entre as áreas separadas pela corren-

---

* Por isso é errôneo afirmar que as águas atingiram determinada altura, em certa cidade.

teza do rio, e nelas a navegação, quando possível, é de altíssimo risco, pois, além da alta velocidade das águas, há numerosos detritos capazes de afundar os barcos.

As águas, após atingirem determinado nível, acarretam o desligamento da rede de energia elétrica dos bairros inundados. Também os bairros não atingidos podem ter sua energia suprimida sempre que as redes de distribuição passarem pela área inundada e quando determinados limites de risco forem alcançados.

Igualmente, o abastecimento de água será desativado se a estação de tratamento d'água for inundada ou se houver danos na adução* ou na captação. Outros serviços públicos também entram em colapso, destacando-se os sistemas de comunicação.

Quanto às pessoas, as mais atingidas são transferidas para lugares transformados em alojamentos, e as menos atingidas se transferem para casa de parentes, amigos ou vizinhos. Mas grande parte da população permanece no local de moradia, principalmente para garantir seu patrimônio.

De modo geral os principais acessos às cidades inundadas são interrompidos, e quase sempre não há acessos alternativos. Como agravante ao abastecimento da cidade, o atendimento por helicóptero encontra muitas dificuldades, devido a escassez de lugares adequados para pouso e às péssimas condições climáticas, normais nesses períodos.

Enchente repentina

É o resultado de tempestades muito fortes, com chuvas torrenciais num curto período de tempo. Acontecem imprevistamente ou são prenunciadas com brevíssimo intervalo e podem alcançar grau máximo em poucos minutos.

Enxurradas

São cheias próprias de rio com declividade acentuada que recebe chuvas torrenciais em curto período de tempo. Caracterizam-se pela alta velocidade das águas e possuem grande poder de destruição.

Freqüentemente resultam de trombas-d'água de verão e de fenômenos localizados (rompimento de barragens, etc.), e podem atingir toda a cidade ou apenas alguns de seus bairros.

---

* *Adução*: sistema de abastecimento responsável por conduzir a água do ponto de captação até a rede de distribuição.

Cheias de várzea

Comuns em áreas de pouca declividade. A correnteza se limita ao canal principal do rio, e a velocidade das águas é baixa. O volume excedente de água tende a se espraiar por grandes áreas urbanizadas, formando um lago.

Causas

A principal causa das enchentes são as ações do homem perturbadoras do escoamento natural das águas, ações que muitas vezes se manifestam como contínua urbanização, a qual amplia o número de superfícies impermeáveis, impedindo a absorção da água em áreas maiores. As edificações e seus complementos (calçadas, estacionamentos, etc.), por exemplo, contribuem para a ocorrência de enchentes por sua impermeabilidade. Também o sistema viário representa uma considerável superfície impermeável ou semipermeável, a depender do tipo de revestimento utilizado. Até mesmo as ruas de saibro e de materiais equivalentes, devido a sua compactação, concorrem para a ocorrência de enchentes.

Outros fatores são:

- Aterros argilosos, freqüentemente utilizados, que dificultam a infiltração das águas.
- Desmatamento, principalmente das encostas, pois elimina o freio que a cobertura florestal impõe ao avanço das águas.
- Obstrução (assoreamento) dos rios e canais de escoamento, provocada pelos desmatamentos, aterros e deposição de lixo.
- Coincidência de marés altas com enxurradas.
- Enchentes repentinas causadas por chuvas intensas, trombas-d'água[*], tornados[**] e furacões[***].

---

[*] *Tromba-d'água*: redemoinho de diâmetro reduzido, que produz a formação, em nuvem tempestuosa, de uma espécie de tubo semicônico dirigido para baixo e que desce com grande quantidade de chuva até a terra, lago ou mar.

[**] *Tornado*: forte vento, oriundo de frente fria que se eleva em espiral a enormes velocidades no sentido horizontal (150 a 500 km/h) e no vertical (150 a 300 km/h). É acompanhado de relâmpagos, trovões e fortes chuvas (trombas-d'água).

[***] *Furacão*: vento de velocidade superior a 120 km/h. Também conhecido como tufão.

- Pororoca*.
- Maremoto**.
- Queda de barragens, ocasionada por falhas na estrutura ou por abalos sísmicos.
- Aumento do nível do curso d'água devido a chuvas intensas ou ao degelo das neves.
- Ondas produzidas pelo rompimento de grandes massas de gelo que represavam o curso de um rio.
- Ondas ocasionadas por tormentas resultantes da combinação de marés lunares e ventos de grande intensidade.

Condutas

Antes da enchente

- Procure saber se você vive numa área propícia a enchentes; para isso contate o Corpo de Bombeiros, a Defesa Civil ou a Cruz Vermelha de sua região.
- Informe-se acerca dos trabalhos preventivos de enchentes.
- Conheça a situação geográfica e topográfica da região em que você habita.
- Conheça pontos elevados próximos do caminho que você normalmente faz.
- Conheça os meios de comunicação normais e as alternativas em casos de emergência.
- Conheça as fontes de abastecimento de sua cidade (água, alimento, etc.).
- Trace um plano de evacuação que inclua a localização dos abrigos e caminhos mais seguros para se chegar a eles. Pessoas que vivem em áreas de risco devem possuir várias alternativas de escape.
- Treine os processos de evacuação planejados.

---

* *Pororoca*: onda que atinge vários metros de altura e que se produz principalmente na foz do rio Amazonas, por ocasião das grandes marés, quando se rompe o equilíbrio entre as águas oceânicas e a massa de água doce que desce do grande rio.

** *Maremoto*: onda de vários metros de altura que se abate sobre o litoral como resultado de um terremoto no leito oceânico.

- Se você vive em uma área com enchentes freqüentes, procure estocar ferramentas e materiais de construção: madeira, plásticos, lenhas, martelos, serrotes, barras de apoio ou sustentação, pés-de-cabra, pás e sacos de areia.
- Verifique as condições de segurança da casa: atenção para trincas, rachaduras e quedas de rebocos e paredes. Em caso de dúvida, solicite inspeção do Corpo de Bombeiros ou do órgão municipal responsável.
- Faça revisão dos ralos e saídas de esgoto das edificações, a fim de evitar transbordamentos. Se necessário, tampe essas saídas no início da enchente.
- Inspecione o seu telhado e as calhas, mantendo-os limpos. Se necessário, conserte-os imediatamente.
- Ensine a todas as pessoas da casa como e onde desligar o gás, a eletricidade e a água.
- Ensine às crianças como telefonar para a Defesa Civil e o Corpo de Bombeiros, e qual estação de rádio ligar para obter informações.

Durante a enchente

Na residência

- Em caso de chuva forte, evite sair de casa.
- Encha banheiras, pias, tanques, baldes e panelas com água potável limpa.
- Coloque em andares superiores os objetos de maior necessidade, se o tempo o permitir.
- Traga para dentro de casa os móveis da varanda e dos pátios.
- Pegue seu suprimento já preparado para emergências.
- Tenha sempre em casa uma lanterna e um rádio de pilha e pilhas novas de reserva (guardadas na geladeira).
- Se houver instrução das autoridades locais, desligue a eletricidade e o gás.
- Se você precisar mesmo sair, sintonize as emissoras de rádio e TV que divulgam informações sobre o tempo e sobre as áreas afetadas pela enchente. Faça seu roteiro de deslocamento evitando essas áreas.
- Fique atento para os sinais de risco de deslizamentos: árvores, postes e muros inclinados; trincas no chão e nas casas; barrancos e muros com

"barrigas". Tenha presente que chuvas de grande intensidade ou de longa duração provocam deslizamentos, principalmente em áreas de risco.

- Se a água invadir sua casa, saia e procure um lugar seguro.
- Esteja preparado para abandonar a casa.
- Ao sair de casa, desligue a chave geral de eletricidade e feche o registro de gás e o de água.
- Mantenha produtos de limpeza e alimentos fora do alcance da água.
- Beba água filtrada e fervida.
- Não utilize alimentos que estiveram em contato com a água ou com a lama da inundação.
- Fique atento aos sintomas de doenças, tais como febre, vômitos, dores de cabeça ou no corpo, diarréias. Nesses casos procure os serviços de saúde.
- Não coloque sacos de lixo ou entulho na rua em dias de chuva, para evitar que eles sejam levados pelas enxurradas e para prevenir o entupimento de bueiros, galerias e córregos.

Na rua

- Não passe por lugares alagados.
- Caminhe na calçada, junto aos muros e longe dos postes.
- Durante fortes ventos, cuidado com árvores, fios, postes e semáforos que podem cair.
- Nunca fique junto a edificações que sofreram abalos e trincamentos, nem próximo a áreas sujeitas a desmoronamentos ou deslizamentos de terra.
- Se você estiver em lugar seguro, não saia. Aguarde auxílio.
- As crianças deverão estar sempre acompanhadas por adultos. Não as deixe brincar nas águas das chuvas e enxurradas.
- Lugares alagados devem ser evitados. Atenção a buracos, bueiros ou bocas-de-lobo sem tampas, encobertos pela água.
- Caso seja necessário transitar por rua alagada, utilize muros e paredes como apoio, ou cordas com o auxílio de outras pessoas. A pessoa que for na frente do grupo, conduzindo-o, deverá portar uma vara para verificar se não há bueiros abertos ou buracos na frente.
- Não se aventure a enfrentar correntezas e inundações.
- Cuidado com a força da correnteza e com os objetos causadores de cortes e fraturas por ela arrastados. A força das águas em lugares com inclinação é incontrolável. Evite transitar nessas áreas.

- Utilize calçado, calça comprida e camisa para proteção do corpo. Não utilize shorts nem chinelos, e não fique sem camisa.
- Não vá para áreas de emergência sem ser solicitado. Sua presença poderá dificultar as ações de socorro.
- Não jogue lixo, entulho ou outros objetos na rua, nos córregos ou em suas margens.

No carro

- Diminua a velocidade e aumente a distância do veículo da frente. Durante as chuvas, as pistas ficam escorregadias.
- Procure utilizar os freios algumas vezes, para secá-los. Freios molhados perdem a eficiência.
- Dirija-se ao lugar mais elevado da região.
- Sintonize as emissoras de rádio para conhecer a situação geral, bem como as vias de trânsito alternativas.
- Em situação de chuva acompanhada por ventos, atenção às árvores, aos postes, aos semáforos e aos fios energizados que podem estar caídos na via.
- Não cruze lugares inundados, principalmente os que possuem correntezas.
- Caso seja necessário transpor uma área inundada, sem correntezas, verifique primeiro a profundidade dela. Avance em baixa velocidade, mantendo o motor do veículo sempre acelerado. Evite que a água atinja o motor.
- Fique atento ao passar por áreas alagadas, pois elas encobrem buracos e bueiros sem tampas.
- Nunca atravesse uma área alagada atrás de outro veículo, pois, se o carro da frente parar, você ficará bloqueado.

Durante o abandono de uma área inundada

- Ouça o rádio de pilha para obter instruções de evacuação da área.
- Parta o mais cedo possível, a fim de evitar impedimentos nas estradas alagadas.
- Siga pelos caminhos recomendados. Os atalhos podem estar bloqueados.
- Procure levar, devidamente protegidos da chuva e água da enchente:
    - alimentos e água de emergência;

- estojo de primeiros socorros;
- sapatos resistentes, roupas extras, agasalhos e cobertores.
- Desenvolva um plano de comunicação emergencial.
- Em casos de separação do seu grupo de relacionamento, especialmente quando os adultos estão no trabalho e longe das crianças, preveja meios de reuni-los.
- Providencie para que um amigo distante seja o ponto de contato entre todos. Certifique-se de que todos sabem o nome, o endereço e o telefone da pessoa de contato e como agir em tais circunstâncias. Em enchentes, geralmente é mais fácil usar linhas interurbanas do que locais.

Após a enchente

- Fique atento ao rádio ou à televisão e não retorne à sua casa sem que as autoridades indiquem estar a área fora de perigo. O perigo de uma enchente não acaba quando as águas começam a baixar.
- Lembre-se de ajudar os vizinhos necessitados, especialmente crianças, idosos e deficientes físicos.
- Fique fora de prédios circundados pela enchente.
- Se houver necessidade de entrar nos prédios, faça-o com extrema precaução.
- Inspecione as bases das construções com perigo de rachaduras e outros danos.
- Examine paredes, pavimentos, portas e janelas para certificar-se de que o prédio não está correndo perigo de desabar.
- Use sapatos resistentes e lanternas de pilha ao examinar as construções.
- Cuidado com tetos e forros que possam cair.
- Desligue a válvula principal do encanamento de gás.
- Procure qualquer indício de incêndio, como, por exemplo:
  - canos de gás danificados;
  - circuitos elétricos avariados;
  - aquecedores e outros aparelhos elétricos submersos;
  - materiais inflamáveis ou explosivos que estejam flutuando.
- Retire a água dos pavimentos gradualmente (1/3 da água por dia) para evitar danos estruturais.
- Lave imediatamente as áreas atingidas, evitando o contato direto com a água e a lama da inundação. Esse contato pode provocar doenças como

leptospirose*, cólera**, infecções e doenças de pele. Use luvas e botas de borracha.

♦ Para executar a limpeza, coloque 1 litro de água sanitária para cada 20 litros de água.

♦ Atenção aos tanques de água, tubos de drenagem, poços e cisternas que tenham sido danificados ou contaminados.

♦ Observe a caixa de esgoto e os canos de água. Se houver suspeita de que eles foram danificados, evite usar vasos sanitários e torneiras. Chame logo um bombeiro hidráulico. Sistemas de esgoto danificados são riscos para a saúde.

♦ Observe se as instalações elétricas estão avariadas. Se houver centelhas, fios partidos ou odor de queimado, desligue o sistema de eletricidade geral da casa.

♦ Se for necessário entrar na água para chegar à caixa de fusíveis ou disjuntores, chame um eletricista.

O papel da comunidade

Toda comunidade dinâmica e organizada, além de desempenhar importante papel antes e depois das enchentes, ajuda a aprimorar a qualidade da assistência externa nesses casos e a reduzir falhas que acontecem freqüentemente, como a falta de informações, a má avaliação das necessidades e as formas inadequadas de ajuda.

Uma boa preparação da comunidade antes de uma enchente pode ajudar a reduzir o impacto do acidente, a salvar maior número de vidas antes de chegar auxílio de outro lugar e a reduzir os inúmeros problemas de sobrevivência e saúde.

---

* *Leptospirose*: doença causada pelo contato da pele lesada do homem, ao andar descalço ou nadar em águas poluídas, com a urina contaminada de animais, principalmente ratos. Os sintomas iniciais são calafrios, febre alta, mal-estar, prostração, dores musculares, náuseas e vômitos. Após 5 a 7 dias a coloração da pele se torna amarelada (icterícia) e surgem escarros e vômitos sanguinolentos.

** *Cólera*: é transmitida principalmente pela água e alimentos contaminados e sem esterilização, ou pelo contato com fezes e vômitos de pessoas infectadas. Os sintomas principais são diarréia súbita e aquosa, vômitos, cólica, dor de barriga e cãibras.

Coordenação

À medida que as horas e os dias vão passando durante uma enchente, os problemas mudam. Algumas vezes o trabalho de socorro e de resgate de pessoas se prolonga durante dias, e surge uma infinidade de outros problemas.

Assim, para que os esforços da comunidade sejam canalizados de forma adequada e eficaz, é necessária uma coordenação capaz de avaliar as conseqüências da enchente e de lidar com problemas essenciais:

- *resgate* — promover a retirada de pessoas soterradas em desabamentos de edificações e deslizamentos de terra, bem como a das pessoas que tenham ficado isoladas, etc.;
- *abrigo* — providenciar abrigos temporários para os resgatados;
- *alimentos* — assegurar o abastecimento e a distribuição de alimentos aos resgatados;
- *água* — garantir o suprimento de água, por meio de carros-pipa ou outros, reparar urgentemente a rede de abastecimento de água e criar novos pontos de abastecimento;
- *comunicações* — verificar quais os meios de comunicação em funcionamento: televisão, rádio, telefone; verificar os meios de comunicação alternativos: radioamadores, motoristas de táxi que possuem rádio para comunicações com centrais de controle, etc.;
- *transporte* — verificar que estradas permanecem abertas e os meios disponíveis e aptos para o transporte, e criar estacionamentos em locais elevados, uma vez que os veículos são facilmente arrastados pelas enxurradas.

Agrupamento de pessoas

A coordenação deverá agir rapidamente para estabelecer um sistema de contato permanente com todos. Uma maneira eficaz de montar esse sistema é subdividir a comunidade em grupos e encontrar a pessoa que se encarregue de cada um deles.

Os encarregados dos grupos deverão entrar em contato diariamente com a coordenação para:

- obter informações a respeito das necessidades;
- passar informações ou instruções à população;
- quando necessário, distribuir meios de sobrevivência (roupas, cobertores, alimentos, etc.).

Operações de resgate

Em uma enchente as pessoas podem:
- ser arrastadas por correntezas;
- ficar ilhadas;
- ser soterradas por lama ou queda de barreiras;
- ficar presas sob escombros de construções.

Essas pessoas precisam ser localizadas e resgatadas. É provável que o trabalho de resgate seja iniciado espontaneamente por parentes, amigos e voluntários locais.

Para esse trabalho, é essencial que estejam disponíveis:
- cordas;
- luvas;
- lanternas;
- pás;
- picaretas;
- pranchas;
- escadas.

Deverão ser organizados grupos de voluntários para socorrer as pessoas que moram em lugares remotos.

Para encontrar as soterradas, fazer o mais absoluto silêncio e, depois, gritar de diversos pontos do escombro. Se não houver qualquer resposta, serão feitos sinais, como, por exemplo, bater em pedaços de metal enterrados nos escombros ou utilizar alto-falantes. Caso haja resposta, o contato precisa ser mantido, pois transmite confiança e tranqüilidade à pessoa soterrada. Enquanto ela estiver sendo resgatada, os responsáveis pelo seu transporte ao centro de saúde ou hospital deverão preparar a maca.

Durante as manobras de resgate, observar algumas regras elementares:
- não andar sobre os escombros;
- não retirar os escombros sem certificar-se de que sua remoção não causará outros desmoronamentos no edifício ou queda de algum outro material;
- preferencialmente, escavar com as mãos e, ao utilizar as pás e as picaretas, fazê-lo com a maior cautela.

Ao encontrar uma pessoa ferida:
- manter e facilitar a sua respiração;

- desimpedir suas vias aéreas, limpando-lhe a boca e a garganta com a ajuda dos dedos, tirando-lhe a dentadura e afrouxando-lhe o colarinho, o cinto e as roupas;
- utilizar cobertores para evitar o frio.

Os voluntários que auxiliam o pessoal da área de saúde deverão organizar a recepção dos acidentados e dos seus acompanhantes no serviço de saúde. Nesses casos é essencial:
- falar com os recém-chegados, responder suas perguntas e dizer-lhes onde devem ficar;
- provê-los de cobertores se os recém-chegados estiverem com frio;
- ajudá-los a se lavarem se for necessário (pessoas retiradas dos escombros, pessoas cobertas de lama, etc.) e servir-lhes uma bebida quente;
- tomar conta das crianças;
- ajudar os membros de famílias separadas a se reunirem ou comunicarem;
- identificar os feridos, dando prioridade aos que estão inconscientes ou desacompanhados. O nome do ferido e o lugar de onde foi trazido deverá ser escrito numa folha de papel, que será colocada num invólucro de plástico, por exemplo, e anexado ao paciente. Quando não for conhecido o nome da pessoa, será necessário anotar as informações prestadas pelo socorrista, o que mais tarde poderá facilitar a sua identificação (lugar onde foi encontrada, as circunstâncias, outras pessoas presentes, etc.).

Reestruturação comunitária

As principais ações devem abranger:
- a utilização de água sanitariamente segura, a fim de evitar desperdícios e doenças;
- a utilização, a manipulação, a distribuição e o consumo dos alimentos de forma que não sejam contaminados;
- a construção, a manutenção e a higienização dos refeitórios, banheiros e abrigos destinados às vítimas da enchente;
- o uso racional e adequado dos sanitários;
- o acondicionamento e o tratamento adequados do lixo;

- o combate a vetores*;
- a orientação quanto a esgotar áreas com água estagnada e remover e enterrar cadáveres de animais, para evitar possíveis epidemias.

Fornecimento de água

Durante as enchentes, os reservatórios subterrâneos de distribuição de água potável são os mais atingidos, como também a estação de tratamento de água. O ideal seria poder contar com um abastecimento confiável de água própria para consumo humano, em quantidade suficiente, no lugar adequado e no momento oportuno. Como isso nem sempre é possível em situações de emergência, a tendência é procurar água de outras fontes, de qualidade duvidosa, muitas vezes sanitariamente insegura.

Indícios de água contaminada:
- presença de crânios e ossos de animais por perto;
- presença de resíduos industriais;
- proximidade de estábulos, pântanos, fossas e terrenos poluídos;
- má conservação dos encanamentos e reservatórios;
- presença de grande quantidade de algas na superfície.

Características da água potável:
- é clara, límpida e sem cheiro;
- dissolve bem o sabão;
- cozinha bem os alimentos;
- não causa a sensação de peso no estômago após ser ingerida.

Com respeito ao abastecimento de água, observar:
- onde se encontra a fonte de abastecimento de água;
- quais as reservas de água disponíveis;
- que fontes alternativas existem;
- quais as possibilidades de fornecimento em condições e em casos de emergência;
- quais os sistemas de distribuição e quais os de tornar a água potável.

---

* *Vetores*: seres vivos que transportam agentes infecciosos (parasitas). Exemplo: mosquito transmissor da malária.

Tipos de água recomendada para consumo:

+ fervida;
+ captada diretamente da chuva (a água dos primeiros 5 minutos de chuva forte contém toda a sujeira atmosférica e não deve ser utilizada para consumo. Se for coletada longe de árvores e de bicas de telhados, não precisa ser purificada);
+ de poço não atingido pela enchente;
+ engarrafada, devidamente inspecionada;
+ clorada (águas visualmente limpas podem ser utilizadas uma hora após a aplicação do cloro).

As águas turvas ou barrentas devem ser usadas somente em último caso, e faz-se necessária a sua filtragem antes da aplicação do cloro.

Se a quantidade de água potável for insuficiente para o abastecimento regular, devem-se tomar medidas que contenham o gasto excessivo, tais como racionamento e vigilância na distribuição e no consumo.

Com a finalidade de atender às necessidades mínimas de água para beber e cozinhar, bem como para a limpeza e higiene pessoal, considerar as seguintes quantidades:

Áreas	Quantidade
Hospitais, Postos de Saúde e Primeiros Socorros	40 a 60 litros/pessoa, ao dia
Refeitórios	20 a 30 litros/pessoa, ao dia
Alojamentos temporários e acampamentos	15 a 20 litros/pessoa, ao dia

Purificação da água

Filtragem

+ Deve preceder qualquer tratamento mais profundo de purificação.
+ Procedimento:

    1. Deixar o recipiente com a água descansar por 15 minutos. Assim, as impurezas mais pesadas decantarão no fundo.

    2. Pegá-lo suavemente e verter a água num segundo recipiente, passando-a através de um pano fino e limpo.

Fervura

♦ Ferver a água por 15 a 30 minutos. Despejá-la de uma vasilha para outra várias vezes, para que ela seja oxigenada.

Cloração

♦ Adicionar 2 gotas de água sanitária por litro de água visualmente limpa. Para águas turvas, após a filtragem, aplicar 4 gotas por litro. Em ambos os casos, aguardar 1 hora antes de beber.

♦ A cloração não deve ser utilizada em água não clarificada ou que contenha matéria orgânica. Nesses casos, a utilização de cloro cria substâncias cancerígenas.

Fontes de cloro

Nome	Teor de cloro	Características
Cloro gasoso	100%	Gás
Hipoclorito de cálcio	70%	Grão branco
Cal clorada	25 a 37%	Pó branco
Hipoclorito de sódio	10 a 15%	Líquido
Água sanitária comercial	2 a 2,5%	Líquido

Pastilhas à base de cloro também são utilizadas para purificar a água (geralmente usa-se 1 pastilha por litro de água, porém recomenda-se buscar atentamente orientações no rótulo do produto).

Dosagem de cloro[*]

Água para lavagem de alimentos

♦ Usar 6 gotas de água sanitária (2,5% de cloro) para cada litro de água.

---

[*] Relação de medidas:
colher de sopa = 10 ml;   colher de sobremesa = 5 ml;
colher de chá = 2,5 ml;   colher de café = 1,5 ml;
20 gotas = 1 ml.

- Deixar os alimentos 30 minutos de molho na água clorada e em seguida enxaguá-los com água potável.

Água para consumo humano

- Dar um intervalo de 1 hora entre a aplicação do cloro e a utilização da água.

Água (litros)	Água sanitária (2 a 2,5%)
1	2 gotas*
10	20 gotas
50	100 gotas ou 5 ml
100	200 gotas ou 10 ml
1.000	100 ml

Acidentes com solução de hipoclorito de sódio

- Qualquer trabalho de desinfecção e cloração deve ser feito em ambiente arejado, tomando o cuidado para proteger os olhos, o aparelho respiratório, a boca e a pele.
- Em caso de ingestão, não provocar o vômito. Beber leite ou água vagarosamente e em abundância. Também recomenda-se, dependendo do caso, a ingestão de leite de magnésia.
- Em caso de contato com os olhos e as mucosas, lavá-los imediatamente com água.
- Se necessáario, chamar um médico.

Purificação com outros produtos químicos

Água oxigenada

- Usar 1 colher de chá para cada litro de água. Aguardar 30 minutos antes de beber.

---

* Se não houver um conta-gotas ou uma seringa para a dosagem do cloro, utilizar um objeto que tenha a forma de um palito grande. Mergulhar o objeto no produto indicado e escorrer suavemente o líquido na forma de gotas.

Iodo

- Usar 3 gotas de tintura de iodo para cada litro de água. Aguardar 30 minutos antes de beber.

Outras recomendações sobre abastecimento de água

Proteção das fontes e dos poços

- Manter uma distância mínima de 30 metros entre a fonte de água e qualquer foco de contaminação.
- Prover de revestimento impermeável toda a volta do poço (30 centímetros acima e 3 metros abaixo da superfície do solo).
- Construir uma plataforma de concreto ao redor do poço com raio de 1 metro.
- Manter uma zona de proteção em volta do poço, cercada e com uma largura mínima de 50 metros.
- O fundo das fossas deve estar, no mínimo, a 1,5 metros acima do nível do lençol freático.

Armazenamento de água

- Instalar tanques para armazenamento de água que sejam acessíveis e com capacidade entre 1.000 e 3.000 litros. Eles devem ter capacidade suficiente para um dia, tomado como base o consumo médio.
- A água deve ser armazenada em recipiente de vidro, claro e higiênico, ou em recipiente plástico. Recipientes metálicos só devem ser utilizados em último caso, pois são susceptíveis a corrosão.
- A água contaminada por elementos químicos tóxicos ou radioativos não deve ser purificada por métodos caseiros, muito menos consumida.

Limpeza e desinfecção de poços, cisternas e caixas-d'água

Devem ser feitas:
- após o término da construção de poços, cisternas e caixas-d'água e antes de usar a água;

- depois de quaisquer reparos nas instalações;
- sempre que houver suspeita de contaminação.

Caixas-d'água

- Fechar o registro de entrada de água na caixa ou amarrar a bóia.
- Esvaziar a caixa, abrindo as torneiras.
- Quando a caixa estiver quase vazia, tampar a saída para que a água que restou seja usada na limpeza e para que a sujeira não desça pelo cano.
- Escovar as paredes internas e o fundo. Não utilizar escovas de aço.
- Lavar a caixa com esguicho forte, para retirar toda a sujeira.
- Nunca usar sabão, detergentes ou outros produtos.
- Retirar, manualmente ou com auxílio de bomba, a água suja que fica no fundo da caixa, para não entupir canos e conexões.
- Deixar entrar nova água e, quando encher, fechar o registro de entrada de água.
- Adicionar 2 litros de água sanitária para cada 1.000 litros de água.
- No lugar da água sanitária pode-se utilizar meio litro de hipoclorito de sódio a 10%, para cada 1.000 litros de água.
- Esperar duas horas e, em seguida, abrir todas as torneiras da residência para esvaziar a caixa-d'água. Essa água não pode ser bebida. Como ela contém elevada dose de cloro, fará a limpeza e desinfecção dos canos e conexões, podendo ser utilizada para desinfetar o chão e as paredes da residência.
- Encher a caixa novamente. Essa água já pode ser utilizada.
- Tampar a caixa-d'água, amarrando a tampa, bem ajustada, com arame galvanizado, ou então utilizar dobradiças e fecho. Assim, evitam-se acidentes e a entrada de insetos e pequenos animais.
- Recomenda-se que esta limpeza seja feita de 6 em 6 meses.

Poços e cisternas

- Retirar, manualmente ou com auxílio de uma bomba, toda a água do poço.
- Limpar, esfregar as paredes internas e o fundo do poço e deixar entrar água nova.
- Quando o nível da água se estabilizar, adicionar dois litros de água sanitária clorada ou meio litro de hipoclorito de sódio (10%) para cada 1.000 litros de água do poço.

- Esperar duas horas, esvaziar totalmente o poço e enchê-lo novamente.
- Observar as mesmas recomendações para a limpeza de caixas-d'água.

Alimentos

Em situações de emergência, é importante para a saúde lidar com todos os utensílios e produtos alimentícios de forma higiênica, certificando-se de que os alimentos não estejam em processo de decomposição ou contaminados.

Nos desastres naturais, intensificar a vigilância quanto aos alimentos a serem consumidos. Em condições normais, muitos alimentos já são um perigo para a saúde, devido a falta de controle e ao manejo inadequado. Esses riscos aumentam em situações de falta de energia elétrica, quando os frigoríficos e as instalações de armazenamento e preparo de alimentos são afetados.

Visivelmente é muito difícil detectar se um alimento é perigoso para a saúde. Entretanto, deve-se verificar seu estado físico, sua aparência, tato, sabor e odor, além de averiguar sua procedência e possíveis contaminações. Devem-se, também, verificar as condições de refrigeração, armazenamento e transporte.

Quando não houver alguém experiente na constatação da qualidade dos alimentos, não devem ser consumidos produtos de qualidade duvidosa e de fácil decomposição, tais como: leite, carnes e peixes. É preferível consumir derivados de cereais, leite em pó, etc.

Alimentos fervidos e cozidos são mais seguros para a saúde.

Alimentos industrializados, cujas latas ou embalagens estejam deterioradas ou sem identificação quanto a fabricação e validade não devem ser consumidos.

Preparo e distribuição

Imediatamente após o desastre é conveniente que os alimentos sejam preparados e distribuídos em embalagens individuais. Porém, tão logo seja possível, é necessário adotar medidas para proporcionar serviços de alimentação em grande escala, utilizando-se lugares apropriados, como restaurantes, salões de jantar de hotéis, escolas, salas de reuniões públicas e igrejas. Nesses lugares é preciso haver um nível satisfatório de limpeza a todo instante, para evitar a presença de insetos e roedores.

É importante que os alimentos distribuídos sejam culturalmente aceitos, assim como conhecidos e utilizados pela população. Quando for necessário distribuir alimentos, vindos do exterior, que a população flagelada desconheça, deverão ser feitas demonstrações sobre sua preparação.

Todos os alimentos devem ser preparados com água fervida ou devidamente tratada com cloro. Os utensílios para preparação dos alimentos devem ser fervidos durante um tempo mínimo de 5 minutos ou imersos em solução de cloro na mesma concentração utilizada para a lavagem de alimentos e por igual tempo.

Limpeza e desinfecção de ambientes

As condições dos ambientes após um desastre podem favorecer o rápido aumento de parasitas, insetos e roedores, devido principalmente à diminuição dos predadores, falta de higiene e ausência de controle. Esse quadro aumenta o risco de transmissão de enfermidades.

Nas enchentes, deve-se estar prevenido contra cobras, escorpiões, e outro animais peçonhentos que podem invadir as zonas habitadas, sobretudo os alojamentos e acampamentos.

Ações preventivas

- Transporte, armazenamento e higiene dos alimentos de forma adequada.
- Limpeza de utensílios e recipientes.
- Eliminação correta dos restos de alimento.
- Boa higiene pessoal e geral.
- Ordem ao guardar os objetos.
- Uso sistemático de uma vara para empurrar os entulhos e peças quebradas.

Procedimento de limpeza e desinfeção

- Lavar, com solução forte de cloro (½ litro de água sanitária para 10 litros de água), todos os recintos que estiveram em contato com a água da enchente.

Abrigos provisórios e saneamento básico

Quando uma enchente exige a evacuação das casas, será necessário providenciar abrigos provisórios.

Se a população se espalhar próximo à área inundada, ocupando lotes vazios, jardins, parques, praças, estacionamentos ou quadras de esportes e utilizando como abrigo qualquer coisa que esteja disponível (tábuas, telhas de amianto, plásticos, barracas, automóveis, *containers*, barcos, vagões de trem, edifícios em construção, escolas, igrejas, edifícios públicos, e outros), as condições sanitárias sofrerão rápida deterioração e será muito difícil avaliar as reais necessidades da população.

Ao planejar a construção de abrigos, evitar uma disposição geométrica e incentivar os agrupamentos de pessoas afins e a escolha espontânea das vizinhanças, mantendo um controle rigoroso das condições sanitárias. Se o acampamento tiver de ser utilizado durante longo período, o planejamento deverá contemplar acomodações para uma administração local, um centro de saúde ou hospital, uma escola e, na medida do possível, outros serviços e atividades comunitárias.

A área onde serão localizados os abrigos provisórios deverá preencher os seguintes requisitos:
- estar acima do nível mais alto da enchente;
- estar num nível acima dos desaguadouros;
- estar situada em pequeno declive que facilite a drenagem das águas pluviais e servidas;
- não estar muito próxima ao lençol freático, para evitar que o solo fique alagado;
- estar protegida de quedas de barreiras e não sujeita a afundamento;
- estar abaixo do nível das fontes de água potável;
- possuir um chafariz para cada 200/250 pessoas, alimentado por poços artesianos, cisternas ou carros-pipa;
- ser de fácil acesso.

Na construção dos abrigos, devem-se observar os seguintes itens:
- a circulação do ar é de máxima importância, devendo ter constante renovação;
- área mínima por cama: 3,5 m² (2,00 x 1,75 m); distância mínima entre camas: 75 cm.

- uma pia para cada 10 pessoas ou pias coletivas de 4 a 5 metros para cada 100 pessoas;
- de 5 a 6 sanitários para cada 100 pessoas;
- um chuveiro para cada 50 pessoas, em climas temperados, ou um para cada 30 pessoas, em climas quentes;
- uma lata de lixo para cada 12 a 25 pessoas, com tampa e capacidade entre 50 e 100 litros.

É importante evitar a ociosidade, para isso oferecer às pessoas desabrigadas atividades tais como:

- na cozinha coletiva;
- na limpeza e manutenção dos alojamentos;
- na coleta e tratamento do lixo;
- na abertura de valas e fossas.

Higiene sanitária

Os dejetos mais perigosos são as fezes humanas. Por serem fonte de infecções, devem ser eliminadas imediatamente e de maneira segura. Portanto, é necessária a construção de sanitários higiênicos, observando-se as seguintes recomendações:

- os sanitários devem ser construídos a pelo menos 30 metros de qualquer fonte de água e em local abaixo desta;
- devem situar-se a pelo menos 10 metros das habitações e não muito longe destas;
- devem situar-se em local não sujeito a enchentes;
- devem ser resguardados e possuir tampa para evitar possíveis acidentes;
- quando estiver a 1 metro do nível do solo, a fossa deve ser fechada com terra bem socada.
- usar sempre cal queimada sobre os dejetos para evitar a proliferação de microorganismos.

Instalação de sanitários

O método mais simples é fazer valas de aproximadamente 2 metros de profundidade por 80 centímetros de largura (com comprimento variável) e cobri-las com pranchas dotadas de assentos ou com tábuas para agachar-se. As aberturas deverão estar cobertas por tampas para evitar acidentes e impedir que as moscas entrem na vala.

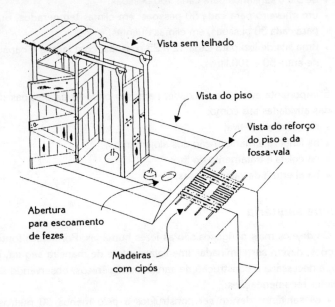

Recursos materiais necessários à higiene em enchentes

De saneamento

- pequenos reservatórios domiciliares (caixas-d'água, galões e baldes)
- tampa para poços
- plataforma coberta para lixo
- cimento, cal, tijolo e madeira
- tubos de pvc, ferro fundido ou galvanizado e manilhas de concreto

De limpeza

- detergente, sabão e creolina
- álcool e querosene

- vassouras, pás, enxadas e picaretas
- mangueiras, baldes, latas e galões
- desinfetante para água, à base de cloro

Lixo

Deverão ser estabelecidos depósitos de lixo, onde os resíduos sólidos serão queimados e depois cobertos com terra para evitar a proliferação de insetos e roedores.

Remoção

Diariamente ou, se possível, duas vezes ao dia.

Localização e acondicionamento

Nos abrigos devem existir áreas para lixo pré-determinadas e identificadas, com recipientes adequados para coleta: resistentes, com tampa e alças laterais.

Separação

- Lixo orgânico: restos de alimentos, folhas, cascas, etc., que poderão formar um composto que posteriormente servirá como adubo para hortas e jardins.
- Lixo inorgânico: latas, metais e vidros que poderão ser reaproveitados.
- Lixo passível de reciclagem: plásticos, papéis e outros.

Tratamento

- *Enterramento*: quando não existir coleta regular, o lixo deve ser enterrado em fossa-vala de 1 m de lado, quando quadrada, e de 1 m de diâmetro, quando redonda, com uma profundidade de 2 m, e com tampa de vedação contra moscas e outros animais. Quando o lixo atingir altura de 0,5 m da superfície, a fossa-vala deve ser fechada com terra bem socada.

- *Incineração*: podem-se incinerar pequenas quantidades, sempre a céu aberto; para maiores quantidades deve-se improvisar um incinerador. As cinzas podem ser enterradas ou jogadas sobre os dejetos (dentro dos sanitários abertos no solo).

Procedimentos com animais

Dar abrigo a animais desgarrados; capturá-los e tratá-los. Os animais deverão ser limpos, alimentados, ordenhados e cuidados, bem como reunidos em instalações específicas para essa finalidade.

Procedimentos com desencarnados

O transporte e o enterro dos cadáveres deve dar-se de forma rápida e discreta. Para lidar com eles com segurança, utilizar luva, lavar-se freqüentemente com água e sabão e usar desinfetante. Tentar coletar e anotar as informações necessárias à sua identificação (lugar em que o corpo foi encontrado, informações sobre parentes e vizinhos).

Os corpos devem ser enterrados em valas individuais, cobertas imediatamente após a deposição do corpo. Salvo em casos especiais e urgentes, deve-se evitar enterros coletivos em vala única.

Não incinerar os cadáveres, a menos que se disponha de instalações adequadas para isso e haja autorização.

Corpos de animais

Nas enchentes, o enterro de cadáveres de animais pode representar um problema. Quando a quantidade é elevada e não se dispõe de equipamentos, como tratores, para abertura de valas, é conveniente incinerá-los, utilizando-se para isso algum tipo de combustível, como gasolina ou querosene.

Quando não for possível realizar um desses procedimentos, deve-se borrifar as carcaças dos animais com gasolina e cobri-las de terra, protegendo-as dos predadores.

Os lugares destinados a enterro de seres humanos ou de animais devem estar localizados de tal forma que os ventos não levem os odores à população vizinha.

Avaliação das necessidades

Contatar as autoridades a respeito das necessidades, com o intuito de evitar enganos e obter assistência externa adequada.

No caso de não haver comunicação telefônica, o contato poderá ser feito pelo rádio. Se a comunidade não possuir equipamento de rádio, os radioamadores poderão estabelecer o contato.

Informações gerais a serem prestadas

- avaliação do número de desabrigados e de vítimas fatais;
- avaliação do tipo, da extensão e da gravidade dos danos materiais;
- informações relativas a lugarejos isolados;
- informações relativas a pessoas separadas das suas famílias;
- previsão a respeito da evolução do fenômeno natural responsável pela enchente.

Solicitações de auxílio cabíveis

- máquinas para trabalhar nos escombros;
- pessoal especializado em trabalhos de resgate;
- meios de transporte (veículos e embarcações), combustível;
- abrigos (*trailers*, barracas, tendas, casas móveis, etc.);
- material para construção de abrigos;
- cobertores, agasalhos, roupas, botas, capas para chuva, etc.;
- água e alimentos;
- ferramentas, baterias, *containers* e outros materiais.

Solicitações de auxílio na área de saúde

- equipamentos e material de saúde;
- remédios;
- pessoal de saúde necessário;
- meios para organização e evacuação dos feridos e enfermos;
- hospitais adequadamente equipados para o encaminhamento dos pacientes que não possam ser atendidos localmente.

Edificações em áreas inundáveis

Encontra-se significativa quantidade de construções em áreas sujeitas a enchentes e, mesmo em centros urbanos, novas edificações são construídas em regiões inundáveis, por conveniência na relação risco/custos ou por simples necessidade, devido à falta de áreas de expansão protegidas das enchentes.

Como conseqüência, as enchentes acabam deixando sob as águas mais de 50% das edificações de certas cidades atingidas. Como exemplo, podemos citar a cidade de Blumenau/SC, onde as cheias de julho de 1983 inundaram 80% da cidade.

As edificações e seus acessos, sempre que possível, deverão estar localizados acima dos limites inundáveis. Os locais de escoamento das águas deverão ser diferentes dos destinados a pessoas e veículos.

Sob o efeito das águas de enchente, o peso de uma construção significa importante aspecto de segurança e de estabilidade.

Considerações sobre os tipos de edificações

Residencial

Recomenda-se que sejam construídas em nível superior ao da enchente.

Comercial

Em prédios comerciais, onde a variedade e a quantidade de produtos muitas vezes tornam difíceis os deslocamentos, técnicas de isolamento das águas — como paredes de contenção — são as mais recomendadas.

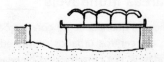

Industrial ou de serviços públicos

Em prédios industriais, a penetração da água pode não causar tantos danos se o maquinário e o estoque da produção perecível forem previamente elevados ou protegidos. Assim, após a enchente, basta uma simples limpeza do piso e das paredes atingidas.

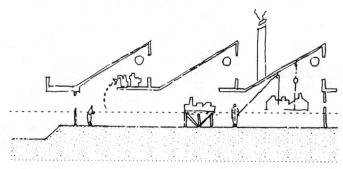

Habitações de madeira

A grande maioria das habitações populares e de alguns estabelecimentos públicos (escolas, postos de saúde, etc.) em áreas periféricas e rurais são de madeira, portanto bastante suscetíveis aos efeitos das águas. Além da facilidade de deslocamento devido à tendência a flutuar, a madeira é também um material deteriorável sob a ação de excessiva umidade, mesmo em águas quase paradas.

Efeitos na estrutura

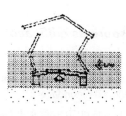   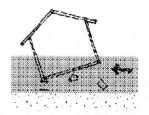

Deslocamento   *Destruição*

Sinais de perigo em edificações danificadas pelas enchentes

As enchentes reduzem a coesão do solo; há, portanto, o perigo de os alicerces cederem.

Sobretudo estruturas de pau-a-pique, alvenaria e concreto magro podem absorver água em excesso e ceder, mesmo quando os alicerces não afundam.

Condutas

- Proteger a edificação de danos adicionais causados por chuvas e infiltrações.
- Substituir as telhas quebradas ou proteger o teto com plástico, chapas, etc.
- Consertar qualquer dano no encanamento.
- Demolir os elementos que perderam sua firmeza e que não são necessários à ocupação da edificação: forros, sacadas, chaminés, etc.
- Escorar os elementos que perderam firmeza mas que são necessários à ocupação da edificação: escadas, pisos, paredes de sustentação de carga, etc.

Redução dos efeitos das enchentes sobre as edificações

Procedimentos básicos

- Na construção de edificações em áreas sujeitas a enchentes, há basicamente três procedimentos para reduzir os efeitos da inundação:
    - elevar a edificação acima do nível máximo das enchentes anteriores;
    - isolar a edificação das possibilidades de penetração da água durante o período da enchente;

- prover a edificação de elementos que possibilitem o convívio com as águas, minimizando seus danos.

A técnica mais recomendada para edificações em áreas inundáveis é a elevação da construção acima do nível das enchentes no local.

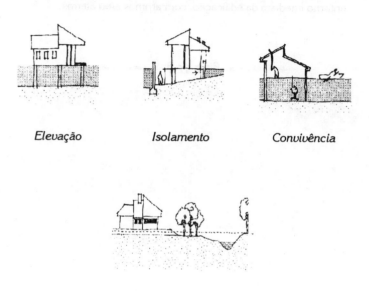

Elevação   Isolamento   Convivência

Elevação com aterro

Quanto à elevação da construção

A forma mais usual de elevação da construção é o uso de aterro (enchimento com terra) ou elevação com pilotis (pilares/sapatas enterradas).

Quanto à vedação/isolamento da construção

Duas estratégias básicas poderão ser adotadas:

- *isolamento direto*, por meio da perfeita vedação dos elementos construtivos da edificação. A vedação deixa a edificação à prova d'água, ou seja, conserva seu interior seco durante a inundação. Esse recurso é particularmente apropriado para áreas sujeitas a

inundações moderadas, ainda que freqüentes, de baixa velocidade e pequena duração (por exemplo, em construções ribeirinhas ou litorâneas);
- *isolamento indireto* da construção, que consiste no isolamento do entorno imediato da edificação, com arrimos e/ou aterros.

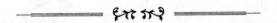

INCÊNDIOS

A descoberta de como produzir fogo foi uma das bases da civilização. Desde então, ele tem desempenhado papel fundamental na vida humana. Embora o fogo seja de extrema utilidade para a manutenção da vida, quando foge do controle do homem pode assumir grandes proporções e tornar-se devastador — pode transformar-se num incêndio.

Como o incêndio nada mais é que um fogo gigantesco, para controlá-lo e preveni-lo é importante conhecer melhor a natureza do fogo.

O fogo resulta de uma reação química, denominada combustão, em que o oxigênio se combina com outras substâncias e produz luz e calor. Para essa reação ocorrer é necessária a presença de três elementos, que formam o "triângulo do fogo":

Combustível

É o componente que alimenta a combustão e permite a propagação do fogo. A maior parte dos materiais orgânicos (madeira, papel, tecido, graxa, óleo, carvão, gases, etc.) e alguns inorgânicos (metais, etc.) são combustíveis.

Os combustíveis podem ser sólidos, líquidos ou gasosos. A maioria deles (madeira, tecido, papel, etc.) tem as substâncias que os compõem transformadas em gases ou vapores combustíveis antes de dar início à sua combustão. Só poucos materiais, como o enxofre e os metais alcalinos (potássio, cálcio, etc.), queimam-se no estado sólido.

Para comprovar esse fato, sugere-se a seguinte experiência:
1. colocar em um frasco pequenos pedaços de madeira;
2. aquecê-lo com uma chama;
3. quando a madeira estiver escura, aproximar um fósforo aceso à boca do frasco.

Observação

* No decorrer do experimento, os seguintes fenômenos serão observados com a intensificação do calor: quando a temperatura alcança 100°C, vapores d'água começam a se desprender da madeira. Prosseguindo a elevação da temperatura, observa-se que a madeira fica amarela, depois marrom e finalmente negra, quando atinge 150°C. Nesse ponto, a madeira produz vapores que se incendeiam em contato com uma chama.

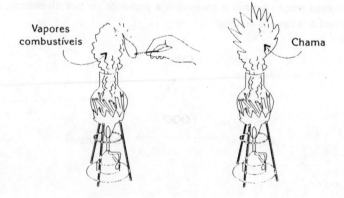

Comburente

É o que ativa e intensifica o fogo. O oxigênio é o mais comum dos comburentes e está presente em quase todas as combustões. É um gás não combustível e compõe a atmosfera terrestre num percentual aproximado de 21%.

Nos ambientes em que há pouco oxigênio, o fogo não tem chamas e, nos ambientes em que ele é abundante, as chamas são intensas, brilhantes e com elevada temperatura.

Há combustíveis, como a pólvora, que possuem grande quantidade de oxigênio em sua estrutura e que o liberam durante a queima; assim, podem manter a combustão em ambientes fechados, onde o oxigênio atmosférico não esteja presente.

Calor

É o componente energético que inicia e mantém o fogo e incentiva sua propagação.

É o calor que opera a necessária transformação dos combustíveis em vapores. A quantidade de calor requerida para essa vaporização varia de acordo com o material: a gasolina vaporiza em temperatura bem baixa; a madeira e o carvão, em temperaturas mais elevadas.

Entretanto, a temperatura de vaporização do combustível ainda não é suficiente para queimá-lo. É necessário mais calor para que comece a combustão. A temperatura de combustão também é variável de acordo com o tipo de combustível.

Pontos de temperatura

♦ *Ponto de fulgor*: é a temperatura em que o corpo combustível começa a desprender vapores que se incendeiam ao entrar em contato com uma fonte externa de calor. Nesse ponto a chama não se mantém, devido à insuficiência de vapores. É também chamado ponto de lampejo.

♦ *Ponto de combustão*: é a temperatura em que os gases desprendidos do corpo combustível se inflamam e mantêm a combustão ao entrar em contato com uma fonte externa de calor.

♦ *Ponto de ignição*: é a temperatura em que os gases desprendidos do corpo combustível se inflamam ao entrar em contato com o oxigênio do ar, independentemente de qualquer fonte externa de calor.

Formas de transmissão de calor

♦ *Condução*: é a transmissão direta de calor através da matéria, de molécula para molécula, quando não há espaço entre os corpos.

Exemplo de condução:

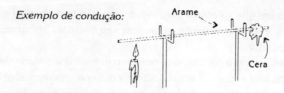

- *Convecção*: é a transmissão de calor pela circulação de um meio transmissor, gasoso ou líquido; por exemplo: a transmissão de calor por intermédio de uma massa de ar ou por gases quentes que se deslocam do local do fogo e provocam incêndios em lugares distantes.

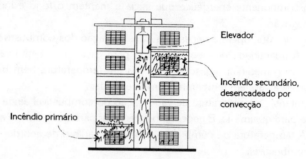

- *Irradiação*: é a transmissão de calor pela emissão de ondas térmicas do corpo em chamas para o espaço. É por esse processo que o calor solar percorre o espaço extraplanetário e chega à Terra. As ondas de calor atravessam vidros, podem ser refletidas por superfícies polidas e emitidas em todas as direções. O calor diminui à medida que se distancia da fonte ígnea. Quando as ondas térmicas encontram um obstáculo, o calor começa a ser transmitido por condução.

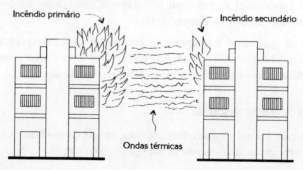

Reação em cadeia

A reação química que produz o fogo é uma reação em cadeia: ela se perpetua por si mesma. Depois que o fogo começa, ele é mantido pelo próprio calor produzido.

A reação em cadeia pode ser considerada como o quarto elemento essencial do fogo. Como é a sustentação para o triângulo do fogo (calor, oxigênio e combustível), pode-se agora imaginar um sólido geométrico, o tetraedro:

Prevenção

A prevenção é a melhor maneira de tratar um incêndio.

A verdadeira prevenção não se origina do medo ou da preocupação com o que possa acontecer no futuro. Ela surge da plena atenção ao presente.

Medidas preventivas

Em ambientes fechados

- Cuidar com atenção dos objetos do ambiente, principalmente dos inflamáveis e dos que podem causar incêndios (equipamentos elétricos, por exemplo).
- Não acumular objetos fora de uso e evitar desperdícios.
- Manter a ordem e a limpeza dos ambientes.
- Evitar a presença de material combustível próximo a fontes de calor.

- Conhecer os lugares onde estão os equipamentos contra incêndio (extintores, mangueiras, etc.).
- Não obstruir, nem provisoriamente, escadas ou passagens.
- Procurar sempre saber onde estão as saídas de emergência dos lugares que freqüenta.

   Observação

   - Lugares que contenham vapores, gases combustíveis ou pós em suspensão devem ser bem ventilados.

Em ambientes domésticos

- Usar o ferro de passar roupas com atenção e não esquecê-lo ligado.
- Vigiar as velas e os lampiões acesos.
- Antes de sair de casa, verificar se não esqueceu algo aceso ou ligado.
- Orientar os fumantes para apagarem cigarros em cinzeiros e não fumarem na cama.
- Não queimar materiais sem necessidade, principalmente os que liberam fumaça muito poluente, como o plástico, a borracha e outros.
- Trabalhar com roupas adequadas; os tecidos sintéticos normalmente se incendeiam com maior facilidade que os naturais.
- Ter cuidado com máquinas que soltam faíscas (soldas elétricas, serras, esmeril).
- Ter extrema atenção ao lidar com soldas à base de acetileno, que é um gás altamente explosivo.
- Procurar estar a par de normas de segurança relativas ao próprio trabalho.
- Verificar a necessidade de instalação de sistema de pára-raios e da manutenção dele. Lembrar-se de que é melhor não ter pára-raios do que ter um mal-instalado.
- Não obstruir o acesso aos extintores de incêndio. Eles devem ser instalados em um lugar onde haja menor probabilidade de o fogo impedir o seu alcance.
- Deixar fora do alcance das crianças produtos inflamáveis e/ou tóxicos. Não descuidar dos fósforos.
- Orientar as crianças para não soltarem balões e evitar que elas usem fogos de artifício.
- Ter sempre à mão os principais telefones de emergência (corpo de bombeiros, polícia, hospitais, pontos de táxi, etc.).

♦ Estudar e praticar técnicas de primeiros socorros. Coisas simples, como uma desobstrução da garganta, podem salvar uma vida.

Na cozinha

♦ Observar a qualidade e a data de validade da mangueira com tarja amarela que liga o botijão de gás ao fogão. Ela deve ser fixada com braçadeiras nas extremidades.

♦ Verificar a vedação nas conexões com espuma de sabão (*nunca com fósforos*). Ver também se há vazamentos sempre que trocar o botijão de gás.

♦ Se o botijão estiver com defeito, levá-lo para um lugar aberto e ventilado. Não aceitar botijões com aparência duvidosa.

♦ Desligar os queimadores antes de trocar o botijão.

♦ Desligar o registro de entrada de gás sempre que se ausentar de casa. Apagar também a chama-piloto do aquecedor de água.

♦ Examinar sempre se as válvulas dos queimadores do fogão estão na posição correta.

♦ Acender primeiro o fósforo, para depois ligar o gás.

♦ Não deixar o fogão funcionando sozinho, pois o fogo pode apagar-se e o gás ficar escapando. Isso acontece principalmente quando se aquece óleo para fritura e o líquido fervente se derrama e apaga o fogo.

♦ Não cozinhar com as janelas fechadas; também não fechar janelas de banheiro ou de lugares onde há aquecedores a gás: o fogo consome o oxigênio e passa a produzir monóxido de carbono (gás altamente tóxico).

♦ Não abrir a panela de pressão antes que saia todo o vapor. Limpar a válvula regularmente (alimentos podem entupi-la durante o cozimento).

♦ Providenciar o conserto das panelas com o cabo frouxo ou solto.

♦ Sempre que entrar em casa, não acender a luz logo que abrir a porta. O melhor é abrir a porta, entrar e só depois acender a luz. Dessa forma percebe-se o vazamento de gás alguns segundos antes de acender a luz. A faísca gerada por um interruptor elétrico em ambiente fechado preenchido de gás inflamável pode provocar uma explosão.

♦ Ao sentir cheiro de gás ou de vapores inflamáveis em ambientes fechados, ter os seguintes cuidados:

♦ retirar os sapatos antes de entrar, pois as pedras e a areia que trazem na sola podem provocar faísca;

♦ entrar de pé, já que o GLP (gás liquefeito de petróleo, gás de botijão) é mais pesado do que o ar e, portanto, se concentrará próximo ao solo;

- se a cozinha estiver fechada, molhar a fechadura antes de abrir a porta (fechaduras antigas podem fazer atrito suficiente para formar faísca);
- ventilar o ambiente e só depois verificar o vazamento;
- só desligar a chave geral da rede elétrica se ela estiver em local arejado;
- não acionar nenhum interruptor elétrico.

- Manter os depósitos de lenha para fogão ou forno sempre ordenados e fazer um aceiro* ao redor deles.
- Somente substituir as cinzas de um fogão a lenha depois de ter certeza de que estão realmente apagadas.

Observações

- A fumaça de um alimento queimado ou de uma panela esquecida no fogo pode ser muito tóxica.
- O GLP não é tóxico, mas pode causar intoxicação se inalado em grande quantidade.
- O botijão de gás não aspira fogo para dentro da carcaça, pois quase não tem oxigênio em seu interior.
- O bom e seguro funcionamento de aparelhos a gás depende de limpezas e regulagens periódicas.

Ao lidar com inflamáveis

- Ter atenção especial ao manipular derivados de petróleo.
- Não deixar que se acumulem ar ou gases quentes em lugares que possuam combustíveis, principalmente os de baixo ponto de ignição.
- Colocar os líquidos inflamáveis em recipientes seguros e identificados.

Observações

- Muitas tintas, solventes, removedores, colas e aerossóis são inflamáveis.
- Os materiais e tecidos sintéticos usados em tapetes, cortinas, estofados, forros para teto e roupas, bem como os plásticos e o isopor, são altamente inflamáveis.
- A fermentação de material orgânico acumulado (por exemplo: palha

---

* *Aceiro*: área de terra capinada em torno de matas, fazendas ou cercas, para evitar o alastramento de fogo em caso de incêndio.

de café, de arroz, etc.) pode gerar calor suficiente para inflamar o gás metano que também se forma na fermentação. Esse processo se denomina *combustão espontânea*.

Ao lidar com eletricidade

- Identificar a chave geral de energia elétrica da casa e familiarizar-se com ela.
- Marcar as tomadas de 220 volts para diferenciá-las das de 110 volts.
- Não fazer reparos em instalações elétricas sem conhecimento especializado.
- Não tocar em aparelhos elétricos com a mão ou com o corpo úmido. Desligar o chuveiro antes de mudar a chave de temperaturas.
- Consertar os aparelhos que não estiverem em bom estado.
- Nunca deixar um fio elétrico desencapado, sem isolamento.
- Desenrolar totalmente as extensões antes de usá-las.
- Não deixar fios e extensões soltos, já que assim oferecem perigo.
- Não cobrir fios com tapete.
- Não dormir com aparelhos elétricos ligados (luminária, aquecedor, TV, etc.).
- Evitar ligar vários aparelhos na mesma tomada.
- Desligar todos os aparelhos da tomada quando sair de casa. Uma faísca gerada por um raio que caia na rede elétrica pode queimar aparelhos e provocar incêndio.
- Estar atento aos aparelhos que consomem muita energia. Se funcionarem ao mesmo tempo, podem sobrecarregar a instalação.
- Evitar aparelhos com potência muito elevada, como alguns tipos de chuveiro, aquecedores, secadores, ar condicionado, etc.
- Investigar sempre as instalações elétricas e verificar a necessidade de redimensioná-las. O aquecimento dos fios, a queima freqüente dos fusíveis ou um consumo elevado de energia indicam que está havendo sobrecarga.
- Consertar pontos de eletricidade que estejam faiscando.
- Revisar as instalações elétricas muito antigas e trocar os fios velhos.
- Não utilizar materiais elétricos de baixa qualidade ou fora de especificação.

Observação

- Problemas com eletricidade são a maior causa de incêndios.

Nos carros

- Fazer periodicamente a manutenção preventiva.
- Estar atento para qualquer mau funcionamento na parte elétrica.
- Verificar sempre se há algum vazamento, peça solta ou mal-apertada. Uma bateria solta pode superaquecer-se e pegar fogo se o pólo positivo encostar na lataria.
- As mangueirinhas que transportam o combustível devem ser trocadas a cada 20.000 km, antes de se apresentarem ressecadas ou desgastadas (elas são grandes causadoras de incêndios). Não se esquecer de colocar-lhes as braçadeiras.
- Reparar ou trocar os escapamentos furados que ficam estourando.
- Não ligar o carro em ambientes fechados, assim se evita a aspiração do monóxido de carbono, que é um gás muito tóxico.
- Ter cuidado com fontes de calor quando for abastecer o tanque de combustível.
- Não deixar o carro ligado sem estar ao volante.
- Transportar crianças no banco traseiro.
- Em estradas próximas de queimadas, proteger-se da fumaça e ficar atento aos animais que atravessam a pista.

Na mata

- Em época de estiagem não fazer fogo próximo à mata.
- Apagar qualquer fogo que tenha sido aceso antes de deixar o local.
- Prestar atenção às fagulhas de chaminé ou de fogueira carregadas pelo vento.
- Manter equipamentos e pessoas treinadas prontos para atender a eventuais necessidades.
- Vigiar os balões.
- Estar atento às tempestades de raios.
- Manter uma área sem vegetação entre a mata e as casas de uma fazenda.
- Estudar os mapas, a topografia, o tipo de vegetação, os recursos hídricos, a ação dos ventos na região e outros fatores que possam ser úteis em caso de incêndio.

Observações

- Uma garrafa de vidro jogada na mata pode transformar-se em lente de aumento para o calor do sol e provocar facilmente um incêndio quando o mato estiver muito seco.

- Em lugares onde o risco de incêndio é constante, abrir aceiros preventivos e dar-lhes a necessária manutenção no princípio da estação seca. As áreas próximas a estradas são as mais vulneráveis.
- Os aceiros são importantes nas divisas porque, além de impedirem o alastramento do fogo, permitem o acesso rápido ao local do incêndio.

Queimada controlada

- Fazer queimadas só quando forem inevitáveis e com muito cuidado, pois as propositais, feitas com o intuito de limpar o solo antes de iniciar o plantio ou para acelerar a renovação do pasto, matam grande parte da vida da terra.
- Fazer um aceiro com boa largura ao redor da área a ser queimada.
- Se a área for muito grande, dividi-la em partes com aceiros intermediários. Queimar uma parte de cada vez.
- Escolher o horário da madrugada ou do fim da tarde, quando a temperatura é mais baixa e a umidade é maior.
- Começar colocando fogo pelas bordas da zona a ser queimada. A regra é: colocar fogo contra o vento e de cima para baixo. Nunca colocar fogo a favor do vento. Ele queimará mais rápido, porém será muito mais difícil controlá-lo.
- Deixar de prontidão os equipamentos para combate a incêndios.
- Chamar outras pessoas para ajudar a controlar o fogo.
- No final, fazer uma boa operação de rescaldo (trabalho para evitar que se inflamem de novo os restos de um incêndio recente), como jogar água ou terra sobre os tocos e troncos incandescentes.

Combate a incêndios

Métodos de extinção de incêndios

- *Resfriamento* (ou controle do calor): é o mais usado. Consiste em retirar o calor do material incendiado até chegar ao ponto de combustão ou abaixo dele. A água, uma das melhores substâncias absorventes de calor, provoca resfriamento. Ela é largamente utilizada na extinção de incêndios, na forma de jatos ou de neblina.

- *Abafamento* (ou controle do comburente): é um dos métodos mais difíceis, pois, salvo em pequenos incêndios, que podem ser abafados com material improvisado (tampas de vasilhas, panos, cobertores, areia, etc.), necessita de equipamentos e produtos específicos para ser efetivo. Consiste na eliminação ou na diminuição do oxigênio das proximidades imediatas do combustível.

- *Remoção do combustível* (ou isolamento): é o método mais simples, porque pode ser executado com força física e com meios improvisados, e não exige aparelhos especializados. Consiste na retirada do material combustível ou na interrupção do campo de propagação do fogo. Como exemplo desse método, citam-se os aceiros abertos nos incêndios em matas, canaviais, campos, etc., que interrompem a continuidade do fogo. Outro exemplo é o fechamento do registro do botijão de gás, no caso de incêndio na mangueira que o liga ao fogão.

- *Extinção química*: é a interrupção da reação em cadeia com o auxílio de extintor de pó químico seco.

Classificação dos incêndios

Incêndio classe A

- Incêndios em combustíveis sólidos comuns, tais como: madeira, papel, tecido, borracha, plástico, etc. Queimam em superfície e profundidade, deixando resíduos, como cinzas ou brasas. Na sua extinção necessita-se aplicar um produto que provoque resfriamento.

Incêndio classe B

- Incêndios em gases e líquidos, como gasolina, álcool, óleo diesel, querosene, tintas, gás de cozinha, etc. Queimam somente na superfície, não deixando resíduos. Para sua extinção, provoca-se o abafamento e, como medida secundária, o resfriamento.

Incêndio classe C

- Incêndios em equipamentos elétricos ligados à fonte de energia. Para sua extinção é necessária a *aplicação de produtos não-condutores de eletricidade* (por exemplo: gás carbônico, pó químico seco, etc.). Sempre que possível, deve-se desligar a rede elétrica. Assim o incêndio passa a ser classe A, e então podem ser usados os meios de extinção para o tipo A.

Incêndio classe D

◆ Envolve os materiais pirofóricos, como magnésio, potássio, alumínio em pó, titânio, sódio, etc. Exige a aplicação de produtos químicos especiais para cada combustível. Na falta desses agentes especiais, pode-se utilizar pó químico seco, areia, terra ou outro agente que não tenha umidade e apague por abafamento. Nota: *nunca usar água, espuma ou outro agente líquido nos incêndios dessa classe*; o magnésio, por exemplo, quando incandescente, se estilhaça (explode) na presença de água, colocando em risco a vida dos que estiverem nas proximidades.

Incêndio classe E

◆ Incêndios em materiais radioativos, como césio, cobalto, urânio, etc. Caracterizam-se pelo risco de contaminação por radioatividade e requerem isolamento a grande distância. Portanto, onde houver probabilidade de materiais radioativos estarem em combustão, devem-se afastar as pessoas. Não se deve usar água para apagar incêndios desse tipo, pois ela pode carregar partículas do material contaminado, espalhando-o. Usa-se areia seca ou limalha de ferro. O material continua contaminado mesmo depois de o fogo ter sido apagado.

Agentes extintores

Agente extintor é todo material que, aplicado ao fogo, interfere na reação química que o produz e desestabiliza o tetraedro do fogo, impedindo a continuidade do incêndio. Há grande variedade de agentes extintores, encontrados no estado gasoso, no líquido ou no sólido. Neste estudo citam-se os mais comuns, como: a água, a espuma, o gás carbônico (CO_2), o pó químico seco, produtos químicos específicos denominados *agentes halogenados (halon)* e agentes extintores improvisados (areia, cobertor, tampa de vasilha, etc.).

Extintores de incêndio

Os extintores são aparelhos destinados a combater incêndios nas fases iniciais. De pequeno porte e manejo simples, podem ser facilmente transportados e usados próximo ao incêndio. Por outro lado, *sua capacidade de extinção é limitada*, o que exige do operador atenção e eficiência.

São de diversos tipos e para variadas aplicações:

CLASSES DE INCÊNDIOS →	TIPOS DE EXTINTORES				
	Água pressurizada	Espuma	Pó químico seco	Gás carbônico	Compostos halogenados
A (sólidos)	muito eficiente	relativamente eficiente	relativamente eficiente	pouco eficiente	eficiente
B (líquidos inflamáveis)	não é eficiente	muito eficiente	muito eficiente	eficiente	muito eficiente
C (equipamentos elétricos)	não usar	não usar	eficiente	muito eficiente	muito eficiente
D (pirofóricos)	um composto para cada material				

Como usar extintores de incêndio

1. Retirar o extintor do suporte.
2. Levá-lo com atenção até o local do fogo.
3. Soltar a trava, pino ou lacre de segurança.
4. Empunhar a mangueira de maneira firme.
5. Mantê-lo em posição vertical.
6. Para combater o fogo, apertar o gatilho, observando porém as particularidades para cada tipo de extintor:

   ♦ *Água pressurizada* (age por resfriamento e abafamento): dirigir o jato para a base do fogo.

   ♦ *Gás carbônico* (CO_2; age por resfriamento e abafamento): dirigir o jato procurando abafar toda a área. Empunhar a mangueira pelo lugar apropriado, porque, ao sair, o gás se resfria e congela o difusor. Não usar em sólidos leves (papéis), já que o jato é forte e pode espalhar as chamas. Não deixa resíduos. É pouco eficiente ao ar livre. O extintor de CO_2 de 4 kg tem alcance de 2,5 metros e dura 24 segundos aproximadamente.

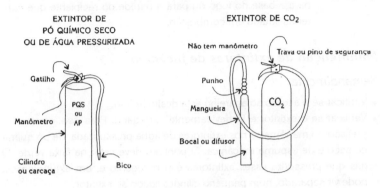

- *Pó químico seco* (age por abafamento): formar uma nuvem de pó que cubra a área atingida. Essa nuvem protege o operador. Deixa resíduos, mas é mais eficiente que o de CO_2.

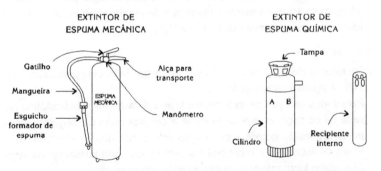

- *Espuma química*: virar o extintor de cabeça para baixo para misturar o líquido contido no recipiente interno e o que está no cilindro, dando início à reação química que forma a espuma. Uma vez que a reação comece, não pode mais ser paralisada. Dirigir o jato para a base do fogo ou para a parede do recipiente que contenha líquido em combustão.

♦ *Espuma mecânica*: é mais eficaz, prático e seguro que o extintor de espuma química. Contém água e uma espécie de detergente, que, quando se aperta o gatilho, são misturados ao ar por um esguicho especial formando a espuma. Dirigir o jato para a base do fogo ou para a parede do recipiente que contenha líquido em combustão.

Manutenção de extintores de incêndio

Semanalmente

♦ Verificar se o acesso ao aparelho está desimpedido.
♦ Verificar se o extintor está devidamente carregado. Para isso, observar a pressão no manômetro nos extintores de água pressurizada, de pó químico seco e de espuma mecânica. O ponteiro deve estar na faixa verde. O gás que pressuriza esses extintores é o nitrogênio e, em alguns casos, pode vir separado, num pequeno cilindro ligado ao extintor.
♦ Inspecionar o lacre de segurança. Se estiver rompido, pode indicar que o extintor foi utilizado e precisa ser recarregado.
♦ Observar as condições da mangueira.
♦ Verificar se o bico está entupido nos extintores de água pressurizada, de pó químico seco, de espuma química e de espuma mecânica, e se o difusor está entupido nos extintores de CO_2.

Semestralmente

♦ No extintor de CO_2 controlar o peso da carga. Se houver perda superior a 10%, é preciso recarregá-lo.
Para todos os tipos de extintor, verificar a data do teste hidrostático gravada na carcaça; esse teste avalia se a carcaça continua segura para suportar a pressão exigida, e *precisa ser refeito de cinco em cinco anos*.
♦ Rever os extintores e recarregá-los sempre que não passarem na inspeção, que o lacre estiver rompido ou após serem usados.

Observações

♦ Os compostos halogenados, eficientes em todos os tipos de incêndio, estão sendo substituídos por serem tóxicos e afetarem a camada de ozônio que envolve o planeta.
♦ Os extintores de espuma química ou mecânica devem ser recarregados anualmente. Para o recarregamento dos demais, deve-se seguir a especificação dada pelo fabricante do aparelho.

- Os extintores de espuma química foram considerados obsoletos e não estão sendo fabricados desde 1989. Podem ser usados e recarregados, mas com o tempo devem ser substituídos.

Instruções gerais em caso de incêndio

- Socorrer primeiro as pessoas queimadas.
- Procurar saber se há pessoas ou animais presos na área do incêndio.
- Observar e tentar perceber a causa e o ponto de origem do incêndio.
- Evitar danos maiores, controlando o fogo o mais cedo possível. Lembrar-se de que *o extintor só é eficaz em pequenos focos de incêndio*.
- Utilizar os extintores corretamente, segundo as instruções dadas.
- Descobrir de que tipo é o incêndio e agir com discernimento (ver item *classificação de incêndios*). Normalmente a extinção do fogo é feita por resfriamento e/ou por abafamento.
- Afastar ou isolar do fogo outros materiais combustíveis (por exemplo, botijões de gás, móveis, etc.).
- Verificar a viabilidade de lançar mão de abafamentos manuais, por exemplo: colocar uma tampa ou jogar terra sobre o fogo, ou, ainda, abafá-lo com um cobertor molhado.
- Verificar a necessidade de fechar ou controlar vazamentos.
- Não usar mangueiras de jato d'água, baldes d'água, etc. sem o prévio discernimento de ser esse o método apropriado ao caso.
- Usar água sob a forma de neblina em líquidos em combustão; nunca sob a forma de jatos.
- Resfriar lugares e habitações onde haja quem aguarde salvamento e, se possível, acalmar as pessoas e passar-lhes orientações.
- Manter os curiosos afastados.
- Resfriar lugares com risco de explosão (incluir as paredes vizinhas ao local de risco), e controlar os alastramentos.
- Não vacilar. Ao investir contra o fogo, ser decidido.
- Se possível, ficar a favor do vento.
- Tentar controlar o pânico, pelo menos na própria pessoa. O pânico também se propaga e impede o raciocínio. Lembrar-se de que as maiores perdas não acontecem por falta de água ou equipamentos, mas sim por falta de uma estratégia apropriada.
- Não correr se a roupa estiver em chamas; procurar abafar o fogo ou rolar no chão.

- Seguir as instruções do coordenador da operação.
- Trabalhar aos pares para dividir esforços e socorrerem-se mutuamente quando necessário.
- Ficar atento para riscos de desabamentos, objetos suspensos, buracos, riscos de quedas, objetos quentes, objetos em contato com fios, etc.
- Em muitos casos é necessário abrir ou quebrar o telhado e as janelas para a saída da fumaça acumulada, que impede o acesso a locais estratégicos. Por outro lado, lembrar-se de que a ventilação também fortalece o fogo.
- Discernir sobre a adequação do desligamento da energia elétrica, sabendo que o trabalho no escuro fica mais lento e mais propenso a acidentes e que, por outro lado, *novos focos de incêndio podem ocorrer por curto-circuito nas instalações*. Se for possível, desligar gradativamente as chaves dos cômodos tomados pelo fogo.
- Cortar o fio que está em curto-circuito é uma opção; todo incêndio em rede elétrica requer cuidado redobrado.
- Observar as zonas de perigo: os lugares com fios elétricos caídos e os com vazamentos de gases, vapores ou líquidos inflamáveis.
- Tratar todos os fios como se estivessem energizados e fossem de alta voltagem.
- Estando o incêndio aparentemente sob controle, não diminuir o ritmo de trabalho e completar a operação, verificando os pontos que precisam de rescaldo ou de proteção contra outros tipos de risco.

Quando se está envolvido pelo fogo

- Ao primeiro sinal de fumaça ou fogo, evacuar toda a casa o mais rapidamente possível, porém com calma e sem correrias.
- Ao sair, ir fechando todas as portas.
- Se ficar preso dentro de qualquer cômodo, obedecer à seguinte orientação:
    - jogar pela janela tudo o que puder queimar facilmente (cortinas, tapetes, cadeiras, plásticos, etc.);
    - com a ajuda de uma mesa deitada com o tampo em direção ao fogo, proteger-se do calor irradiado, que se propaga em linha reta;
    - manter-se deitado no chão;
    - se não conseguir sair por uma janela, não abri-la totalmente. Deixar apenas uma fresta para permitir a saída do calor e da fumaça e a entrada de ar puro para permitir a respiração.

- Manter-se vestido. As roupas e os agasalhos protegem o corpo do calor e da transpiração excessiva; se possível, molhar as próprias roupas.
- Tocar todas as portas antes de abrir. Se a porta estiver quente, não abri-la. Se estiver fria, abri-la devagar, mantendo-se atrás dela; se sentir calor ou pressão através da fresta aberta, fechá-la imediatamente.
- Não tentar atravessar vestíbulos ou transpor escadas cheias de fumaça. Procurar outra saída.
- Se tiver de entrar em áreas cheias de fumaça, manter-se agachado, pois é mais fácil respirar próximo ao chão. Fazer pequenas inspirações, respirar pelo nariz e, se possível, proteger o rosto com um lenço molhado.
- Chamar os bombeiros logo que perceber que o fogo foge ao seu controle; informar-lhes com clareza: o nome da rua, o bairro, pontos de referência, o que está queimando, a extensão do fogo e os perigos de alastramento.
- Não utilizar os elevadores. O abandono do edifício deve ser feito pelas escadas, sem afobamento; só subir se for realmente impossível descer (o fogo e o calor caminham sempre para cima).
- Se conseguir escapar, não retornar.
- Se houver pânico na saída principal, afastar-se da multidão e procurar outro caminho. Caso contrário, organizar filas, dar ajuda e orientações.
- Em um prédio, evitar passar de um andar para outro pelas janelas; se necessário, improvisar cordas amarrando lençóis ou outros tecidos resistentes.

Incêndio em veículo

- Ao sentir sinal de fumaça, estacionar o veículo com segurança.
- Se for na parte elétrica, tirar a chave do contato e desligar a chave geral, se houver, ou soltar o cabo da bateria.
- Se for no motor, abrir o capô só o suficiente para descarregar o extintor, evitando a entrada de ar.
- Se necessário, pedir auxílio aos carros que passam e usar outros extintores.
- Se o fogo for em direção ao tanque de combustível, afastar-se, pois há risco de explosão. O tanque mais vazio tem maior quantidade de gases e maior chance de explodir.
- Em um veículo coletivo, ao sentir sinal de fumaça alertar e orientar o motorista e os passageiros. Procurar o extintor e a saída de emergência, e tocar o alarme, se houver.

Observações

- A maioria dos curtos-circuitos se interrompem sozinhos pelo derretimento do fio ou dos fusíveis; apesar disso, o fogo pode propagar-se para os materiais combustíveis próximos.
- Algumas estradas têm telefones de emergência de mil em mil metros.

Incêndio na mata

- O combatente deve estar preparado, seguir as orientações do líder, ser cuidadoso, estar sempre alerta e ser decidido.

Ferramentas e equipamentos para o combate na mata

- Facão, enxada, foice e machado (*bem afiados*), trator, pá, rastelo, baldes, bombas costais e abafadores. Podem ser usados os abafadores naturais (de ramos de árvores) ou os construídos previamente com mangueiras de incêndio cortadas, placa de borracha, etc., conforme o desenho:

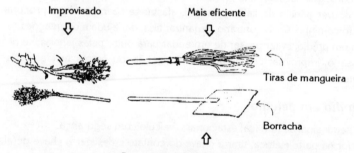

Para uso em pastos ou áreas de vegetação rasteira

- Outros equipamentos importantes são: botas de cano longo, capacete, óculos de proteção, roupas de manga comprida (evitar tecidos sintéticos, como o nylon), botijões com água para beber, lanterna, apito, corda fina e material de primeiros socorros.

Cuidados básicos do combate na mata

- Ao chegar à área do incêndio, determinar o caminho para escapar.
- Transportar as ferramentas na mão, abaixo da linha da cintura, com a face cortante para a frente.

- Não se colocar no caminho de um trator.
- Pisar em solo seguro e não correr ladeira abaixo.
- Ficar atento a árvores que possam cair, pedras que possam rolar e animais peçonhentos.
- As variações na densidade da mata, na velocidade e na direção do vento podem trazer situações de alto risco; recuar, se necessário, quando percebê-las.
- Aproveitar a diminuição da intensidade do fogo para aumentar a intensidade do combate.
- Não ficar isolado; trabalhar no mínimo em duplas.
- Observar um espaço de segurança mínimo de três metros entre as pessoas.
- Posicionar-se de tal modo que não fique ilhado pelo fogo ou pela fumaça.
- Se ficar ilhado, não fugir ladeira acima quando o sentido do fogo for aclive. Tentar passar para a zona já queimada e sem fogo, ou procurar uma área limpa e cobrir-se com terra.
- Não esperar ficar esgotado ou sonolento para descansar. Procurar um lugar onde possa respirar um ar mais puro e deixar o corpo esfriar um pouco antes de beber água.
- Ter cuidado com o choque térmico ao passar por riachos.

Observações

- A maioria dos incêndios florestais ocorre pela ação humana, trazendo danos graves a vários reinos da natureza e afetando também o clima e o equilíbrio ecológico em todos os aspectos.
- No hemisfério sul, a época de maior incidência de incêndios situa-se entre julho e novembro, por causa da estiagem e das geadas.
- Os incêndios podem ser: subterrâneos (húmus e raízes), rasteiros, aéreos (copa das árvores) ou totais.
- Quanto mais forte for o vento, mais rápida será a propagação do incêndio. À noite o fogo caminha mais devagar, porque a temperatura ambiente é mais baixa e a umidade do ar, maior.
- O fogo se propaga mais rapidamente para cima (aclive) do que para baixo (declive).
- A floresta oferece combustíveis de queima rápida (folhas) e de queima lenta (troncos).
- O sucesso da operação de combate depende também do conhecimento da topografia do terreno e das condições do vento.

Modos de combate a incêndios na mata

Há três, que podem ser utilizados isoladamente ou em conjunto:

Ataque direto

Consiste em combater o fogo pelos flancos e pela cabeça, utilizando os equipamentos disponíveis. Esse método é mais eficaz em incêndios rasteiros e em rescaldos.

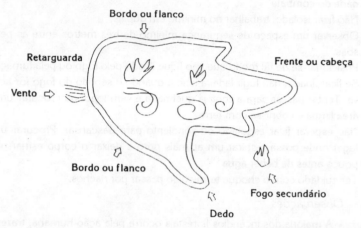

- Os abafadores devem ser batidos sobre as chamas com movimentos de sobe-e-desce, sem ultrapassar a altura do corpo. Atenção para não abanar o fogo.
- Usar também terra e abafar os troncos ou tocos para que não voltem a se inflamar. Deixar sempre alguém tomando conta do lugar onde o fogo foi recentemente apagado.
- Proteger prioritariamente a área ainda não afetada (com aceiros, por exemplo), a fim de isolar o fogo.
- Nesse tipo de ataque, deve-se ter cuidado redobrado com as mudanças na direção do vento para não ficar ilhado pelo fogo.

Ataque indireto

Consiste em usar estratégias de controle do fogo que não o confrontem diretamente, como, por exemplo, a construção de aceiros. Esse método deve ser utilizado quando o calor do fogo é insuportável ou quando a sua propagação é muito rápida, não permitindo o combate e o controle diretos.

- Construir *aceiros* ou linhas de controle à frente da cabeça do fogo para impedir a sua propagação. Para isso, usar ferramentas e/ou trator.
- Ao construir o aceiro, aproveitar obstáculos naturais ao fogo, como estradas, córregos, carreadores do gado, linhas férreas, etc. Esse procedimento ajuda a poupar energia e ganhar tempo.
- Calcular bem a distância do aceiro até o fogo (observar a velocidade de propagação) para não ser surpreendido pelas chamas antes de terminá-lo e perder o trabalho.
- Uma estratégia muito útil é a de atear fogo, que se possa controlar, para ir de encontro ao incêndio (fogo-de-encontro). Isso pode ser feito após a construção dos aceiros e somente quando não for possível deter o fogo por outros métodos.

Fogo ateado para ir de encontro ao incêndio

Linha de controle ou aceiro

- Estar atento para não atear fogo-de-encontro numa extensão maior do que a possível de ser controlada; evitar que o fogo se espalhe em torno das extremidades das linhas de controle.

Observações

- Os aceiros servem também para facilitar o acesso ao local do combate.
- A largura de um aceiro depende da altura da vegetação, das condições do vento, da temperatura, etc.
- O aceiro mais largo permite que se utilize o fogo-de-encontro, ou contra-fogo, com segurança.

♦ O fogo-de-encontro ajuda a aumentar a largura do aceiro, impedindo que o fogo ultrapasse a linha construída.

Método paralelo ou intermediário

É a combinação do método direto e do indireto. Deve ser usado em incêndios cuja intensidade de calor permita certa aproximação, mas não a suficiente para um ataque direto. Também pode ser empregado no combate a incêndios superficiais e subterrâneos.
♦ Construir um aceiro não muito largo, próximo ao fogo. Ao alcançar o pequeno aceiro, o fogo diminui de intensidade e pode ser extinto pelo método direto.

Revisão após o combate a incêndios na mata

Independentemente do método utilizado para extinguir um incêndio, uma revisão final é indispensável para garantir que o fogo não recomece das brasas em contato com o combustível ainda não de todo queimado.
♦ Caminhar por todo o perímetro da área queimada e observar se a linha de controle está limpa (sem galhos, folhas, troncos, etc.).
♦ Cortar ou apagar com terra ou água os troncos incendiados que possam lançar faíscas para além da linha de controle.
♦ Remover para dentro da área queimada o material que pode pegar fogo.
♦ Apagar os tocos queimados e podres que produzem fagulhas.

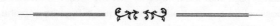

Apêndice

USO DE FIOS, CORDAS E NÓS

Apêndice

USO DE FIOS,
CORDAS E NÓS

Os fios, cordas e nós são úteis em muitas situações e têm diversas aplicações, seja no trabalho diário, seja para dar segurança a movimentos, seja para salvamento. Saber lidar com eles é de grande importância nestes tempos, por facilitarem a execução de várias tarefas. Diz-se que quem sabe manejar uma corda e conhece pelo menos alguns nós é como se tivesse um braço a mais.

Neste estudo veremos alguns nós básicos. Até mesmo o pequeno conjunto de nós que apresentaremos oferece grande diversidade e multiplicidade, permitindo a quem se interessar compor e adaptar cada um de acordo com a necessidade.

Veremos também como podem ser improvisadas cordas e materiais de segurança com lençóis, o que torna a evacuação de um prédio, por exemplo, um trabalho seguro e eficaz.

Características de um nó seguro e eficiente

- ◆ Ser de fácil execução.
- ◆ Não diminuir a resistência mecânica da corda.
- ◆ Ser fácil de desatar após o uso.
- ◆ Ter mais de um modo de ser confeccionado.

Nós dados no *chicote**

Meia volta

Um dos nós mais simples. É usado como base, complemento ou arremate na realização de outros nós.

Figura de oito

Utilizado na ponta de uma corda para impedir que ela escape de um olhal** ou de uma roldana, por exemplo. Pode ser usado também como base para outros nós.

Forma A:

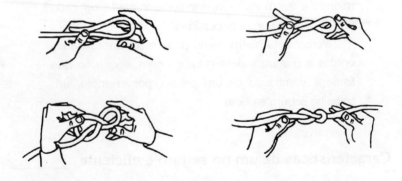

---

* *Chicote*: ponta ou extremo de uma corda.

** *Olhal*: anel metálico fixo, em que se engata um aparelho ou se amarra um cabo.

Forma B:

Punho

Serve para criar volume e peso na ponta de uma corda. É útil para se lançar a ponta de uma corda fina e leve.

Nós para ancorar

Volta do fiel

Empregado para amarrar de forma rápida uma corda a uma haste ou poste. Pode ser simples ou dobrado.

Volta do fiel com chicote mordido

Empregado para amarrar de forma rápida uma corda a uma haste ou poste, como o nó *volta do fiel*; porém oferece maior segurança.

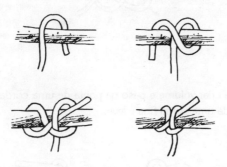

Volta redonda com cotes

Serve para atar de forma mais permanente uma corda a uma haste ou poste.

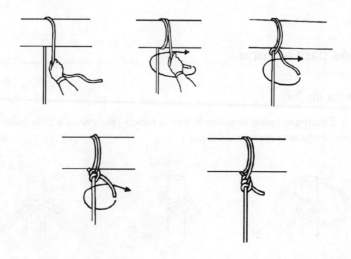

Boca-de-lobo

Serve para atar uma corda permeada (dobrada) a uma haste ou poste. Além de servir de base para o nó *de prussik*, tem também outros usos.

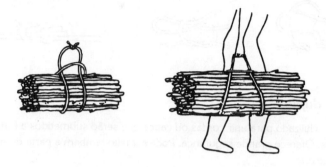

Nós para emendar cordas

Nó direito

Usado para unir cordas ou cordões de mesmo diâmetro e que não serão submetidos a tensões muito grandes. Pode ser usado para amarrar embrulhos.

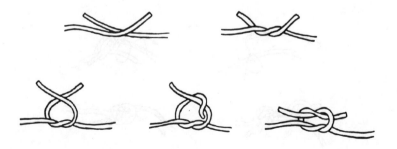

Nó direito deslizante

O mesmo uso do nó *direito*. Próprio para situações em que é preciso desfazer o nó rapidamente.

Nó duplo

Utilizado para unir cordas ou cabos que serão submetidos a fortes tensões. Oferece grande segurança. Pode ser feito também a partir do nó *figura de oito*.

Nó de pescador

O mesmo uso do nó *duplo*. Serve também para unir fios que deslizam, como fios ou linhas de nylon, por exemplo.

Nó de Hunter

Nó moderno, desenvolvido para unir com segurança cordas de fibras sintéticas, que oferecem o risco de deslizar.

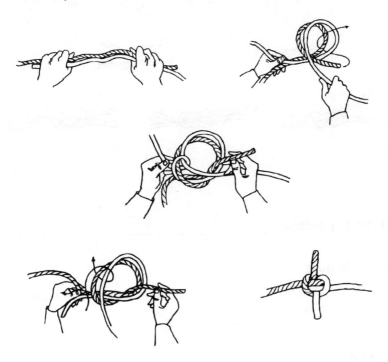

Nó de escota

Próprio para unir cordas ou cabos de diâmetros diferentes.

Nó de cirurgião

Utilizado para unir cordas, cabos e linhas. É usado para finalização de pontos cirúrgicos.

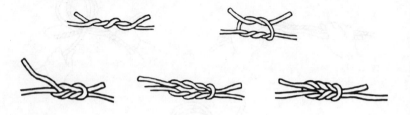

Nós especiais

Lais de guia

Um dos nós mais utilizados e mais versáteis, forma uma alça que não aperta e pode ser submetida a grandes esforços.

Forma A:

Forma B:

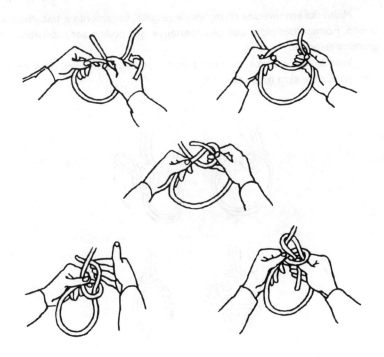

Laçada corrediça

Empregado quando se faz necessário um nó para apertar a alça quando se puxa a corda.

Balso pelo seio

Muito útil em diversas situações de resgate, salvamento e trabalho rotineiro. Forma duas alças que não apertam e que podem ser submetidas a grandes esforços.

Vestido nos ombros de uma pessoa, permite-lhe puxar uma carga com conforto e sem muito esforço.

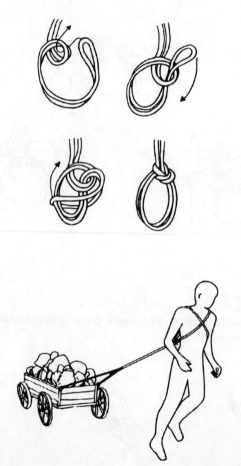

Nó de borboleta

Utilizado para fazer uma alça estável em um ponto qualquer de uma corda. Próprio para receber esforços perpendiculares à corda.

Forma A:

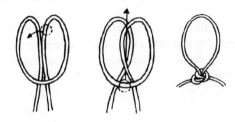

Forma B:

Nó de carreteiro (ou de caminhoneiro)

É o mais usado para amarração de cargas, mas tem outros usos, pois equivale a um sistema de roldanas que multiplicam a força empregada. Pode ser dado n vezes na corda, de forma que sua força também será multiplicada pelo mesmo número.

Nó de prussik

Aplica-se sobre outra corda ou sobre outro material ou objeto escorregadio, como um cano ou o tronco liso de uma árvore, por exemplo. Tem como característica a facilidade de se deslocar sobre a superfície em que está preso, travando imediatamente quando submetido a um esforço na alça.

É utilizado quando se necessita subir por uma corda e também como importante sistema de segurança em atividades com cordas. Para fazê-lo é necessário usar um estropo de tamanho variável, a depender do tamanho desejado para a alça.

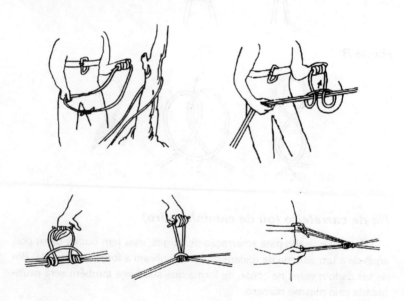

Nó UIAA

É um importante nó de freio, útil para descer cargas pesadas sem grande esforço.

Tem várias outras aplicações, por exemplo, pode ser usado no rapel (ver página 261), atado a um mosquetão. O papel das pontas pode se inverter sem se refazer o nó.

No exemplo ilustrado abaixo, uma das pontas se movimenta enquanto a outra serve para regular a aceleração da descida, ou seja, com um leve puxão numa das pontas, pode-se frear a descida do peso atado à outra ponta da corda.

Nós para unir hastes

Amarra quadrada

Utilizada para unir duas hastes ou paus em ângulo reto. A corda deve medir cerca de 70 vezes o diâmetro da haste mais grossa.

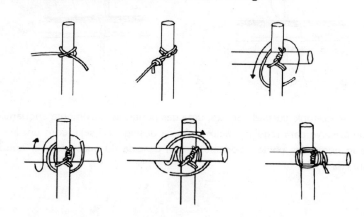

Amarra diagonal

Usada para unir duas hastes ou paus em ângulo agudo.

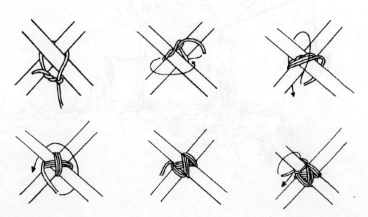

Amarra paralela de duas hastes

Serve para emendar duas hastes paralelamente.

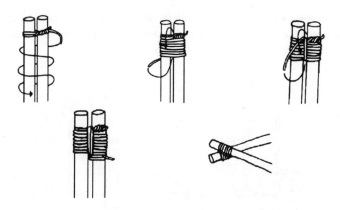

Amarra paralela de três hastes

Serve para montar um tripé, que poderá ter os mais diversos usos.

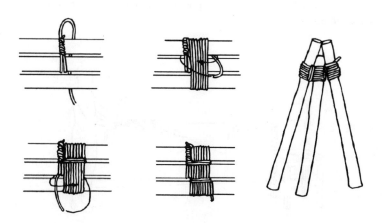

Improvisação de cordas e seus usos

Corda improvisada com lençóis

Deve-se escolher um lençol de preferência não muito gasto e de tecido grosso, pois da qualidade do tecido dependerá a resistência da corda.

Abrir o lençol e segurar as pontas transversais.

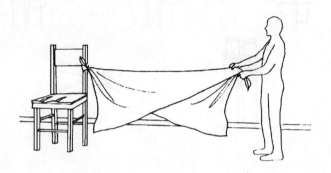

Torcer uma ponta para cada lado. Se for necessário, emendar outros lençóis, mas não fazê-lo muito na ponta, onde há menos tecido e a corda ficará, então, mais fraca.

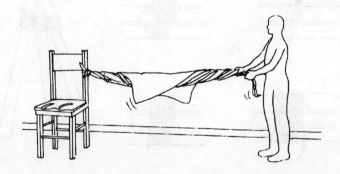

Cadeira de segurança

Pode ser feita de várias maneiras, seja com um pedaço de corda, seja com um lençol. É de grande utilidade nas operações de resgate e em montanhismo, bem como nas tarefas em lugares ou situações onde há perigo de quedas.

Cadeira de segurança com cordas

Forma n.º 1

Necessita-se de uma corda com pelo menos 3 metros de comprimento. Faz-se um estropo*, que será a base para a confecção da cadeirinha. É necessário "fechá-la" com outro pedaço de corda, que deverá ser protegido, caso tenha atrito com outra corda (ver detalhe no desenho).

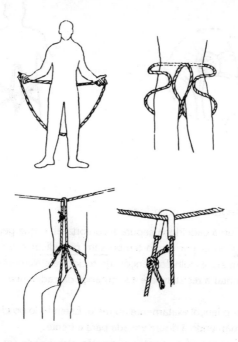

---

* *Estropo*: anel feito unindo-se com um nó as duas pontas da corda.

Forma n.º 2

Necessita-se de um pedaço de corda de aproximadamente 7 metros. Nessa forma, tem-se uma cadeirinha mais ajustada ao corpo.

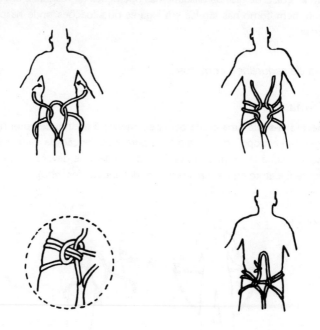

Cadeira de segurança com lençol

Fornece uma cadeirinha segura e confortável, o que permite à pessoa ficar suspensa no ar por muito tempo sem prejudicar sua circulação sanguínea. Devem ser escolhidos lençóis de tecido relativamente novo e grosso, para aumentar a resistência e a segurança da cadeirinha.

- Dobrar o lençol exatamente ao meio. Estendê-lo no chão e sentar-se nele, mantendo a dobra voltada para a frente.
- Unir com um nó as pontas que estão atrás; pode ser nó direito, duplo ou de pescador.

* Passar a segunda corda (de lençol ou não) pelo "túnel" formado pela dobra do lençol, envolvendo também as pontas que foram emendadas. Fechar com um nó direito, por exemplo.

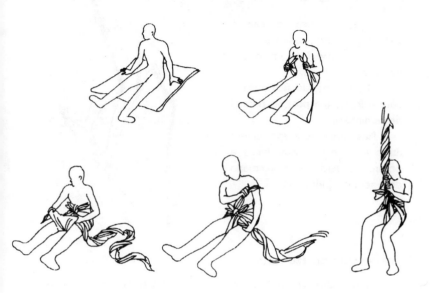

Atividades especiais com cordas

Descida (rapel)

Técnica empregada para descer uma parede vertical ou um lugar íngreme com risco de queda. É feita com a corda dobrada e previamente afixada num ponto estável suficientemente seguro.

O rapel clássico — assim chamado por não usar nenhum equipamento especial além da corda — consiste em passar a corda dobrada por entre as pernas e sob a coxa direita, cruzá-la pelo peito, passando-a sobre o ombro esquerdo, e depois pelas costas até a mão direita, que a segura e faz o travamento regulando a velocidade da descida.

A parte da corda que vem de cima é segura pela mão esquerda, cuja função é manter o equilíbrio.

O pé direito fica mais baixo e voltado para fora, assim como o tronco, que deve ficar um pouco virado para a direita.

O pé esquerdo fica voltado para a frente (na posição normal de caminhar).

Nas partes do corpo onde o atrito é maior — coxa direita e ombro esquerdo — o vestuário deve ser reforçado.

Travessias horizontais

Existem diversas técnicas para fazer uma travessia sobre um vale, rio, ou mesmo para passar de um prédio para outro, em uma cidade. Três dessas técnicas, as mais conhecidas, estão descritas a seguir.

Falsa baiana

Necessita-se de duas cordas grossas e bem esticadas, distantes em altura uma da outra cerca de 1,80 m ou menos. É o método mais simples e que requer menos esforço e habilidade.

Deslizam-se os pés lateralmente, sem tirá-los da corda em nenhum momento; o movimento dos pés é acompanhado pelo deslocamento das mãos, que também não devem soltar a corda.

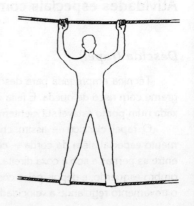

Recomenda-se a seguinte seqüência de movimentos: mão direita, pé direito, mão esquerda, pé esquerdo, repetidamente.

Preguiça

Necessita-se apenas de uma corda esticada. Executa-se o movimento de uma preguiça, movimentando-se um membro de cada vez, seqüencialmente: move-se a mão direita, depois a perna direita, então a mão esquerda e, por fim, a perna esquerda. É importante manter os braços esticados, evitando-se chegar o tronco perto da corda. O mesmo serve para as pernas, que devem ficar relaxadas e esticadas. O encaixe na corda é feito apenas pelos calcanhares, o que economiza muita energia e facilita a manobra. Com pouco treino podem-se atravessar distâncias consideráveis com rapidez.

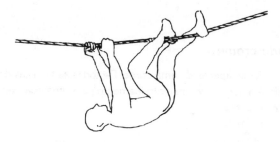

Essa técnica exige certo preparo e treinamento para quem tem dificuldade de suportar o peso do próprio corpo com os braços, mas pode ser enormemente facilitada e realizada de forma segura se se utiliza uma cadeirinha de segurança como complemento.

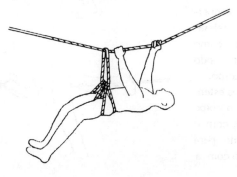

Assim, a cadeirinha suporta o peso do corpo e usam-se as mãos apenas para puxar o corpo, permitindo o deslocamento.

Podem-se fazer paradas para descanso, se a travessia for longa.

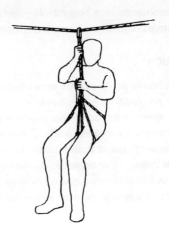

Comando crown

Necessita-se apenas de uma corda. De todas as técnicas de travessias horizontais, é a que requer maior treinamento para uma boa execução.

Deita-se sobre a corda, que assim passará pelo centro do peito e pela virilha direita. A perna direita fica dobrada, com o pé encaixado na corda.

A perna esquerda estendida, relaxada, funciona como pêndulo, fornecendo equilíbrio ao corpo.

Os braços estendidos puxam o corpo para a frente, com o peito levantado para reduzir o atrito com a

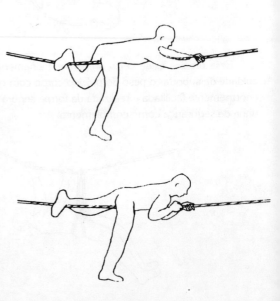

corda, ao mesmo tempo que se estica a perna dobrada, empurrando o corpo para a frente. Embora não seja o método mais confortável, tem a vantagem de, com prática, fazerem-se longas travessias com paradas para descanso.

Escalada pela corda

Usada quando se necessita subir por uma corda até uma altura indeterminada. A escalada com nó de prussik, que neste caso substitui os ascensores*, pode ser feita com total segurança, permitindo quantas paradas para descanso forem necessárias. Para isso, usam-se dois nós de prussik feitos na corda utilizada para a escalada; deve haver certa distância entre os nós. O nó mais alto é conectado na cadeirinha, que deve ser montada previamente na cintura; o nó mais baixo servirá para o encaixe de um dos pés.

O movimento a ser feito na escalada é o seguinte:

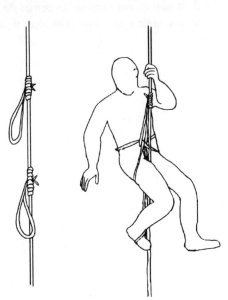

1. com as mãos, levanta-se o nó de prussik mais alto até se esticar a alça da cadeirinha;

2. sentando-se na cadeirinha, levanta-se o nó de prussik mais baixo;

3. fica-se de pé, apoiado na alça do nó de prussik mais baixo;

4. levanta-se novamente o nó de prussik mais alto e repete-se a manobra até se chegar ao destino.

Importante: Tanto a corda de subida como as que servem para fazer os nós de prussik devem ser capa-

---

* *Ascensores*: equipamentos especiais, próprios para esta finalidade.

zes de suportar uma carga muitas vezes superior ao peso da pessoa que fará a escalada (por exemplo, a corda usada por uma pessoa de 70 kg deve suportar 1.000 kg ou mais).

Transporte de pessoas com o uso de cordas

Usado em condições extremas, quando se precisa transportar uma pessoa, inconsciente ou não, e não se pode contar com ajuda. Leve-se em conta que este método diminui o esforço de quem carrega, mas não o elimina completamente; considera-se então, como premissa, que o carregador suportará o peso do carregado.

Com a pessoa a ser carregada deitada de costas, passar o estropo por baixo do seu corpo, com uma parte acima da cintura e a outra logo abaixo dela. Mantendo entreabertas as pernas da pessoa a ser carregada, deitar-se de costas entre elas e colocar as alças do estropo nos próprios ombros.

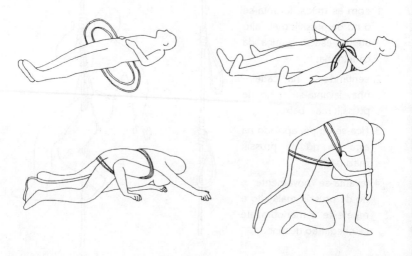

Em seguida, segurar uma das mãos da pessoa e efetuar rapidamente um giro para o lado oposto, de forma que a pessoa fique sobre suas costas. Levantar-se então com cuidado, ficando primeiro de joelhos e depois em pé.

Notas finais

Nas atividades em que cordas são sujeitas a grandes esforços, é necessário verificar cuidadosamente se elas não estão submetidas a uma tensão maior do que a que podem suportar.

Ao apoiar ou amarrar uma corda em uma haste, em um tronco ou em outro objeto, é preciso certificar-se de que o objeto não está afiado ou não tem arestas ou vértices que poderão cortá-la quando ela for submetida a tensão. Cordas que trabalharão sob atrito com superfícies ásperas ou com outras cordas (ver desenho da cadeirinha) devem ser protegidas nos pontos de atrito, para evitar que se desgastem prematuramente ou que se partam.

Todas as técnicas descritas neste apêndice foram estudadas do ponto de vista tanto teórico como prático, e muitas delas são utilizadas regularmente em trabalhos coordenados pelo autor.

FONTES DE CONSULTA

- A *Atuação do Pessoal Local de Saúde e da Comunidade Frente aos Desastres Naturais* — Organização Mundial da Saúde, 1989.
- *Abastecimento de Água* — Prof. Cláudio Gouvêa Botelho — Escola Superior de Agricultura de Lavras — Lavras/MG, 1988.
- *Acidentes Ofídicos*: Prevenção e Primeiros Socorros — Figueira.
- *Água para Consumo Humano* — Cetesb — São Paulo/SP.
- *Air Force Manual Search and Rescue* — Department of the Air Force USA, Washington DC, 1969.
- Apostila *Combate a incêndios* — Corpo de Bombeiros do Estado de São Paulo.
- Apostila *Incêndio na mata* — Corpo de Bombeiros do Estado de São Paulo.
- Apostila *Primeiros Socorros* — CABESP: Caixa Beneficente dos Funcionários do Banco do Estado de São Paulo — São Paulo/SP, 1993.
- Apostila *Primeiros Socorros* — CENTURION: Resgate e Assistência Médica S/C Ltda. — São Paulo/SP.
- Apostila *Salvamento em Praias* — Corpo de Bombeiros do Estado do Rio de Janeiro, BM/3 — Rio de Janeiro/RJ.
- Apostila *Técnico em Emergências Médicas* — Centro de Treinamento e Referência — SAMU (SES) — São Paulo/SP.
- Apostila *Teorias de Contra Incêndio* — Ministério da Aeronáutica — Rio de Janeiro/RJ.
- *Aprenda a Velejar*, João G. Schmidt — Editora Tecnoprint, Rio de Janeiro.
- *Cartilha de Ofidismo (Cobral)* — Ministério da Saúde, 1991.
- *Cecil Textbook of Medicine*, 1988.

- *Cirurgia, Diagnóstico e Tratamento* — Way — Guanabara Koogan. 9.ª edição, 1993.
- *Como enfrentar situações de emergência* — Seleções do Reader's Digest.
- Corpo de Bombeiros do Estado de São Paulo.
- Defesa Civil do Distrito Federal.
- Defesa Civil do Estado de São Paulo.
- *El Moderno Repertorio de Kent* — Francisco Xavier Eizayaga — Ediciones Marecel, Buenos Aires, Argentina, 1981.
- *Emergências em Pediatria* — Jayme Murahovschi — Sarvier, São Paulo, 1993.
- *Emergências em Pediatria* — tradução e adaptação do original *The Pediatric Clinics of North America* (Clínicas Pediátricas da América do Norte), Número 5 — Interlivros Edições Ltda., 1992.
- *Emergências Psiquiátricas* — Marcelo Pio de Almeida Fleck, in: "Rotinas em Psiquiatria", vários autores — Artes Médicas, 1.ª edição, 1995.
- *Emergências Toxicológicas* — Robert I. Stine & R. H. Marcus, in: "Emergências Médicas" — Ed. Médica Científica Ltda. — Rio de Janeiro.
- *Envenenamentos Agudos* — Orlando A. Silva & Paulo V. Guimarães, in: "Emergências Médicas", Mário Lopes — Guanabara Koogan, 1976.
- *Envenenamentos Agudos* — Jorge B. Torres & Carlos Augusto M. da Silva, in: "Medicina Ambulatorial", Bruce B. Duncan et al. — Artes Médicas, 1990.
- *Ervas Comestíveis* — Cida Zurlo e Mitzi Brandão — Editora Globo.
- *Estudo Epidemiológico dos Pacientes Internados na Unidade de Tratamento do Queimado do Hospital da Restauração, no ano de 1992* — Magalhães, Barreto, Salazar e Brayner — Recife, 1993.
- *FEMA* (Federal Emergency Management Agency, USA) — Páginas de material técnico informativo, extraídas via Internet.
- *Formação de Socorristas* — USIMINAS, S.N.T.
- *Frutas do Serrado* — EMBRAPA.
- *Frutas Silvestres Brasileiras* — Otto Andersen e Verônica Ulup Andersen — Editora Globo.
- *Ilustrações Médicas* — Frank Hinetter — Editora Guanabara Koogan.
- Informes da Secretaria da Saúde do Estado de São Paulo.
- *Manual Básico de Proteção Contra Incêndio* — Fundacentro.
- *Manual de Combate a Incêndio Florestal* — Corpo de Bombeiros do Estado do Rio de Janeiro.

- *Manual de Diagnóstico e Tratamento de Acidentes Ofídicos* — Centro de Documentação do Ministério da Saúde — Brasília, 1986.
- *Manual de Diagnóstico e Tratamento de Acidentes por Animais Peçonhentos* — Ministério da Saúde, 1992.
- *Manual de Emergências Médicas* — Michael Copass, Roy Sopel e Mickey Eisenberg — Revinter, 2.ª edição, 1996.
- *Manual de Emergências Psiquiátricas* — Steven Hyman e George Tesar — Medsi, 3.ª edição, 1994.
- *Manual de Primeiros Socorros* — Dr. Andrew Stanway — Ed. Record — Rio de Janeiro/RJ.
- *Manual de Reanimação Cardiorrespiratória* — John Cook Lane — Fundo Editorial BYK, 2.ª edição, São Paulo/SP, 1994.
- *Manual de Vigilância Epidemiológica: Acidentes por Animais Peçonhentos* — Secretaria de Estado da Saúde, Instituto Butantã — São Paulo/SP, 1993.
- *Manual Merck de Medicina*, 1989.
- *Manual para Instrutores de Socorristas* — Ministério da Saúde — Brasília, 1984.
- *Organización de los Servicios de Salud para Situaciones de Desastre* — Publicación Científica nº 443, Oficina Sanitária Panamericana, Oficina Regional de la ORGANIZACIÓN MUNDIAL DE LA SALUD, 1983.
- *Plantas Daninhas de Uso Alimentar e Medicinal* — Mitzi Brandão — EPAMIG / DPPE.
- *Plantas Medicinais* — IAPAR (Instituto Agronômico do Paraná).
- *Plantas que Ajudam o Homem* — Dr. José Caribé e Dr. José Maria Campos (Clemente) — Editoras Cultrix/Pensamento.
- *Primeiros Socorros* — Stephen N. Rosenberg — Warner Books Inc., New York, 1985.
- *Queimaduras*, Serra e Pellon Gomes — Livraria Editora Revinter Ltda., 1995.
- *Revista Centenária do Corpo de Bombeiros* — Polícia Militar da Bahia — Salvador/BA, 1995.
- *Segredos Pediátricos* — R. A. Polin e M. F. Ditmar — Artes Gráficas, Porto Alegre, 1991.
- Seminário Internacional *Estratégias e Ações Frente a Desastres Naturais* — Salvador/BA.
- *The Comand Survival Manual* — Hugh M'c Manners — Dorling Kindersley Limited, London, 1994.

- *The Handbook of Sailing*, Bob Bond — Alfred A. Knopf, 5.ª edição, New York, 1985.
- *Trastornos y Lesiones del Sistema Músculo-esquelético* — R. B. Salter — Salvat Editores.
- *Tratado de Enfermagem Médico-cirúrgico* — Brunner Suddarth — Editora Guanabara Koogan, 6.ª edição.
- *Tratado de Ginecologia* — H. W. Halbe — Editora Roca.
- *Tratamento das Queimaduras* — A. C. Russo — Savier, 2.ª edição — São Paulo, 1976.
- *Uma Conversa Franca Sobre Depressão* e *Você Não Está Só* — Informações sobre Saúde Mental e Doença Mental, folhetos do Instituto Nacional de Saúde Mental, EUA — publicados pela Sociedade Brasileira de Psiquiatria Clínica.
- *Urbanismo e Meio Ambiente* — Ministério da Habitação, PNUD, 1987.

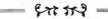

Uma obra dedicada aos tempos novos:

GLOSSÁRIO ESOTÉRICO

TRIGUEIRINHO

Com mais de mil verbetes acerca do que se passa na Terra e no ser humano nesta época de transição, esta obra vai ao encontro tanto dos que estão despertando para a vida interior, quanto dos que já aderiram a ela.
Esclarece aos que buscam a verdade e anseiam penetrar o lado desconhecido da existência humana, planetária e cósmica.

ALQUIMIA, ALIMENTO, ÁGUA, RAIOS, ESPAÇO E TEMPO, OVNI, LOGOS PLANETÁRIO, GRUPOS INTERNOS, SONHOS, ANDROGINIA, APARIÇÕES DA VIRGEM, ASTROLOGIA, ENERGIA SEXUAL, BASE DE OPERAÇÕES, CENTRO DE MISTÉRIOS, CURADOR, NAVE ALFA, NAVE-LABORATÓRIO, CENTRO DE TRASLADO, AURA, LEIS MAGNÉTICAS, ATOS HUMANOS, TRANSMUTAÇÃO, DESAPARECIDOS, ANTIMATÉRIA, TRANSMIGRAÇÃO, REINO ANGÉLICO, LEMÚRIA, CONE SUL, CENTRO INTRA-OCEÂNICO, CENTROS ENERGÉTICOS DO PLANETA, ANTAGONISMO, CORPO GRUPAL, ÁRVORE DA VIDA, MAGNETISMO, DESENCARNAÇÃO, CENTROS ENERGÉTICOS DO SER, ENSINAMENTO ESOTÉRICO, CORPO DE LUZ, CONFEDERAÇÃO INTERGALÁTICA, DIMENSÃO, ELEMENTAIS, ESPELHOS DO COSMOS, CENTRO REGENTE DO PLANETA, CRISTO, ELETRICIDADE SUTIL, CENTRO INTRATERRENO, ETAPAS EVOLUTIVAS DO HOMEM, LEI DO CARMA, EXTRATERRESTRES, MEDICINA, UFO, MANTRAS, IMPULSOS CÓSMICOS, LEIS SUPRANATURAIS, FRATERNIDADE CÓSMICA, FOGO ELÉTRICO OU SOLAR, PASSAGENS INTERDIMENSIONAIS, OPERAÇÃO RESGATE, TRIÂNGULO DAS BERMUDAS, RONCADOR, PIRÂMIDE, PESQUISAS EXTRATERRESTRES, POLARIDADE FEMININA DO PLANETA, PROFECIA, APOCALIPSE, ATLÂNTIDA, MEDITAÇÃO, PSICOLOGIA ESOTÉRICA, MAGIA, MUDANÇA DA INCLINAÇÃO DO EIXO DA TERRA, etc.

Editora Pensamento
—— atende pelo reembolso postal ——